Ralf Kaemper (Hg.)

Jedes Denkmal fällt – Gottes Wort bleibt!

Reden über das Buch Daniel

Dieses Buch ist eine erweiterte Neuauflage des Titels
„Karriere ohne Kaviar"
erschienen 2002 im Aussaat-Verlag, Neukirchen-Vluyn

Theo Lehmann
Jedes Denkmal fällt – Gottes Wort bleibt!
Reden über das Buch Daniel

Best.-Nr. 271 645
ISBN 978-3-86353-645-9
Christliche Verlagsgesellschaft Dillenburg

1. Auflage

www.cv-dillenburg.de

Satz und Umschlaggestaltung:
Christliche Verlagsgesellschaft Dillenburg
Umschlagmotiv: © Shutterstock.com/vhpicstock

Druck: ARKA, Cieszyn
Printed in Poland

Inhaltsverzeichnis

Wer Gott folgt, riskiert seine Träume

Wer Gott folgt, riskiert seine Träume,
setzt eigene Pläne aufs Spiel.
Auch als Verlierer kommt ihr nicht zu kurz.
Gott bringt euch an sein gutes Ziel.

Vertraut auf den Herrn für immer,
denn er ist der ewige Fels,
vertraut auf den Herrn für immer,
denn er ist der ewige Fels.

Auch mit Gott gerät man in Krisen,
Probleme, die unfassbar sind.
Trotz aller Zweifel seid dennoch gewiss:
Er schläft nicht und sorgt für sein Kind.

Wo feststeht, dass alles im Fluss ist,
schwimmt vielen der Glaube mit fort.
Gott ist unwandelbar, denn er ist Gott.
Seid sicher: Der Herr hält sein Wort.

Die Mächtigen kommen und gehen
und **auch jedes Denkmal mal fällt**.
Bleiben wird nur, wer auf Gottes Wort steht,
dem sichersten Standpunkt der Welt.

Und lehrt eure Kinder das eine,
dass über Gott keiner mehr steht,
dass auch der Größte klein beigeben muss,
wenn Gott kommt und alles vergeht.

Wer stirbt, der wird nicht nur zu Erde.
Gott ruft ihn zum Jüngsten Gericht.
Finsternis bleibt für die einen zuletzt,
die anderen dürfen ins Licht.

Vertraut auf den Herrn für immer,
denn er ist der ewige Fels,
vertraut auf den Herrn für immer,
denn er ist der ewige Fels.

Wer Gott folgt, riskiert seine Träume
Text: Jörg Swoboda & Theo Lehmann
Melodie: Jörg Swoboda

Die Geschichte eines Mutmach- und Trostliedes

Das Jahr 1981 war schon zwei Monate alt, da machten wir – Jörg Swoboda und ich – uns an die Arbeit und schrieben ein Lied zur Jahreslosung. Normalerweise fängt man damit spätestens ein Jahr vorher an, zumal wir kaum Verbreitungsmöglichkeit hatten. Keine Textveröffentlichung, keine Notenblätter oder Liederbücher, kein ERF (Evangeliums-Rundfunk), kein Internet – es gab nichts und niemanden, der ein aktuelles Lied unter die Leute bringen konnte. Der Einzige, der es schaffte, war Jörg. Live in den Veranstaltungen, in denen er sang – Gottesdienste, Evangelisationen – , konnte er ein neues Lied vorstellen. Eine andere Möglichkeit gab es nicht. Aber diese gab es, und Gott gab den Rückenwind dazu. In Windeseile verbreitete sich das Lied, mitten im Jahr. Auf den Flügeln der Melodie von Jörg flog es durch die ganze DDR, dann über die Grenze in die Bunderepublik – ohne Promotion, Funk oder Presse.

Die Ermutigung, die wir brauchten

Die Jahreslosung für 1981 hieß: „Verlasst euch auf den Herrn immerdar; denn Gott, der Herr, ist ein Fels ewiglich“ (Jesaja 26,4). Das war genau die Ermutigung, die wir brauchten, wir, das Christenvolk in der DDR, dessen baldiges Ableben staatlicherseits eifrig verkündet und mit entsprechenden Maßnahmen unterstützt wurde. Und ganz besonders brauchten diese Botschaft die jungen Christen, die täglich in der Schule dem ideologischen Druck der Kommunisten ausgesetzt waren. Mit der Losung „Der Marxismus ist allmächtig, weil er wahr ist" vor Augen mussten sie sich die Rotbestrahlung gefallen lassen, auch wenn sie am Sonntag im Gottesdienst bekannt hatten: „Ich glaube an Gott, den Allmächtigen." Auch wenn sie da gehört hatten, wie der Pfarrer vor jeder Predigt betete: „Dein Wort ist die Wahrheit."

Der tägliche Kampf um die Seelen der Kinder

Wer hatte recht? Der tägliche Kampf um die Seelen der Kinder und Jugendlichen führte zu Gewissensqualen, Unsicherheiten, Glaubensproben und Glaubensverlusten. Der staatliche Druck war übermächtig. Wer standhaft blieb, riskierte viel: keine Oberschule, kein Abitur, kein Studium, keine Karriere. Und das nur deswegen, weil sie sich zu Christus bekannten, in die Kirche gingen, sich konfirmieren ließen und nicht an der Jugendweihe teilnahmen. Ich erlebte es bei meinen eigenen Kindern. Drei Mädchen mit allen Träumen, wie sie alle Mädchen haben. Ihnen wurde bereits im 8. Schuljahr mitgeteilt, dass sie nach dem 10. Schuljahr die Schule verlassen müssten. Und dann? Wer kann sich vorstellen, was in den Seelen dieser Kinder vorging? Wer kann ermessen, welche Träume da zerstört wurden? Wer kann erahnen, wie viele Seelen da zerbrochen wurden? Und meine Kinder sind nur ein Beispiel für tausend andere, die wegen ihres Glaubens drangsaliert, in die Ecke gestellt, an Weiterbildung und beruflichem Fortkommen gehindert wurden. Dass wir als Jugendevangelisten beim Schreiben des Liedes besonders die Jugendlichen im Blick hatten, war ja klar.

Im Riesengefängnis DDR Gott folgen

Aber dass auch viele Erwachsene Ermutigung brauchten, ebenso. Und so schrieben wir ein Mutmach- und Trostlied für alle, die in dem Riesengefängnis DDR Gott folgen wollten und dabei die bittere Erfahrung machen mussten, dass Nachfolge auch Nachteile bringt.

Jede Strophe war ein offener Angriff auf die herrschende Weltanschauung, das ganze Lied eine einzige Provokation und ein Zeugnis des christlichen Glaubens, ein prophetisches Wort, besonders Strophe 4:

Die Mächtigen kommen und gehen,
und auch jedes Denkmal mal fällt.
Bleiben wird nur, wer auf Gottes Wort steht,
dem sichersten Standpunkt der Welt.

Mit Daniel in den Knast?

Wenn das die 3000 Jugendliche sangen, die zu unserem Jugendgottesdienst kamen, bekam ich immer eine Gänsehaut und konnte gleichzeitig jubeln. Das Lied hat uns nicht nur 1981 begleitet, sondern alle weiteren Jahre, besonders im Jahr 1985, als ich im Jugendgottesdienst die ersten Kapitel des Danielbuches auslegte – ein prophetisches Buch, gerade auch für diese Zeit.

Jahrelang hatte ich mich davor gedrückt, über das Buch Daniel zu predigen. Ich sagte mir: Wenn du das machst, wird das deine letzte Predigtreihe, dann geht's in den Knast. Denn es war mir klar, dass dieses Buch einen ungeheuren Zündstoff enthält. Schon allein das Vorlesen des Luthertextes über das von Nebukadnezar errichtete Riesenstandbild war in Karl-Marx-Stadt die reine Provokation. Jeder hatte sofort den „Nischel", den Riesenkopf von Karl Marx, vor Augen, an dem alle an bestimmten Tagen vorbeizumarschieren hatten.

1985 war ich so weit und legte im Jugendgottesdienst das Danielbuch aus.

Atemberaubende Bezüge zur DDR

Die Bezüge zur DDR-Situation waren atemberaubend. Das kann sich heute keiner mehr vorstellen, wie den Hörern bei jetzt ganz harmlos klingenden Sätzen damals der Atem stockte. Da brannte die Luft, und ich erlebte genau das, was ich über Daniel in der

Löwengrube predigte: Gott hielt der Stasi die Krallen fest, sodass sie nicht zugreifen konnte. 16 Jahre später predigte ich über Daniel zu jungen Menschen aus Ost und West im Missio Camp in der Rhön. Dort stellte gleichzeitig die jüdische Künstlerin Sara Atzmon-Gottdiener, die als Kind das KZ überlebte, ihre Bilder über den Holocaust aus.

Das traf und passte so zusammen, dass man meinen konnte, das sei geplant gewesen. Die riesigen Bilder, die zum Teil in dem Zelt standen, in dem ich predigte, legten die Predigt aus und umgekehrt. Wieder erwiesen sich die alten Geschichten in einem völlig anderen Bezugsrahmen als unübertrefflich aktuell.

Inzwischen sind wir in einer ganz anderen Zeit angekommen, der Zeit nach dem 11. September 2001. Und wieder sprechen die uralten biblischen Berichte in unsere Situation. Die brennende Aktualität der Bibel ist faszinierend. Sie bedarf nicht unserer Aktualisierung. Sie ist aktuell. Weil sie das Wort des lebendigen Gottes ist.

Kein Hitler mehr da!

Am deutlichsten haben wir die Aktualität von Wort und Lied 1988 auf dem Christival in Nürnberg erlebt. Das fand statt auf dem Zeppelinfeld, auf dem einst die gigantischen Aufmärsche der Nazis abgehalten worden waren. Genau unter der Stelle, von der aus Hitler seine gottlosen Reden gegeifert hatte, saßen nun 30 000 junge Menschen, und Jörg sang mit ihnen das Lied. An der Stelle „und auch jedes Denkmal mal fällt" nahm Jörg eine Hand von der Gitarre und zeigte auf den Punkt, wo Hitler gestanden hatte, und machte mit dieser Geste die Wahrheit der Strophe klar – die Tribüne war leer, es war kein Hitler mehr da! Und ein Jahr später fiel die DDR in sich zusammen wie so ein alter Plastiksack, und die DDR-Größen verschwanden sang- und klanglos. Jedes Denkmal fällt!

Und über allem Auf und Ab der Geschichte steht die Hoffnung der letzten Strophe, die auch auf der Todesanzeige meiner Frau stand:

Wer stirbt, der wird nicht nur zur Erde.
Gott ruft ihn zum Jüngsten Gericht.
Finsternis bleibt für die einen zuletzt,
die anderen dürfen ans Licht.

Auch heute – 30 Jahres nach dem Mauerfall in Berlin – ist die Botschaft des Danielbuches hochaktuell. Ich bin mir sicher, dass sie immer noch ins Leben jedes Lesers trifft und ermutigt, tröstet und korrigiert. Dazu sollen die sieben folgenden Predigten dienen.

Theo Lehmann,
Chemnitz, im April 2019

Karriere ohne Kaviar

DANIEL 1

In der Bibel habe ich mal nachgelesen, wo da was von jungen Leuten drinsteht. Da steht eine ganze Menge, das geht gleich auf der ersten Seite los mit Adam und Eva, aber die Geschichte kennt ihr ja. Ich erzähle euch hier die Geschichte von vier jungen Männern: Danni, Hansi, Mischa und Atze. Natürlich stand bei denen im Ausweis nicht „Danni" und „Hansi" und so, sondern der volle Name, also: Daniel, Hananja, Mischael und Asarja. Aber den Ausweis hatte man denen gerade weggenommen, und das kam so (ihr könnt das auch im Alten Testament beim Propheten Daniel, Kapitel 1 nachlesen): Es war mal wieder Krieg.

Daran seht ihr schon, dass die Geschichte voll aus dem Leben gegriffen ist, denn seit es die Menschen gibt, gibt's Krieg. Das ging mit den zwei jungen Männern Kain und Abel los, aber die Geschichte erzähle ich jetzt auch nicht. Der absolute Höhepunkt auf dieser Strecke war der Zweite Weltkrieg mit 50 Millionen Toten. Man sollte meinen, dass die Menschen danach endgültig die Schnauze voll gehabt hätten, aber ganz im Gegenteil. Seit dem letzten Weltkrieg, also seit 1945, hat es schon wieder ungefähr 170 Kriege mit 25 Millionen Toten gegeben. Dafür gibt es Statistiken, und irgendwann wird es eine Statistik darüber geben, wie viele Soldaten und wie viele Zivilpersonen und wie viele alte und wie viele junge Menschen dabei umgekommen sind. Vor allem junge! Denn es sind ja meistens die jungen Männer, die ihre Knochen hinhalten müssen, wenn die alten Männer, die die Macht in den Händen halten, einen Krieg für nötig halten.

Krimineller Kinder-Klau

Es war also Krieg. Nebukadnezar, der König von Babel, stand mit seinen Truppen vor Jerusalem. Als er die Stadt eingenommen hatte, nahm er sich ein paar Souvenirs mit, wie das bei solchen Siegen eben üblich ist. Und zwar ließ er einen Teil der kostbaren Geräte aus dem Tempel mitgehen. War alles pures Gold. Aber mit ein paar kunstvoll geschmiedeten Töpfen und Schüsseln und Schaufeln aus Gold begnügt sich ein Typ wie Nebukadnezar nicht. Einer wie der nimmt nicht nur Schätze aus dem Tempel. Sondern er nimmt auch Schätze aus dem Volk Israels. Er nimmt die Jugend mit. Denn er steht auf dem Standpunkt: „Wer die Jugend hat, hat die Zukunft."

Nebukadnezar war einer der Ersten, der so dachte, und Hitler war einer der Letzten, der so dachte, und wer heute immer noch so denkt, ist eben der Hinterletzte. Denn obwohl Hitler die Jugend hatte, hatte er die Zukunft nicht. Das „Tausendjährige Reich", von dem er träumte, war schon nach zwölf Jahren zu Ende und ist für uns heute wie ein böser Traum aus der Vergangenheit.

Genauso wie das babylonische Weltreich des Nebukadnezar einer fernen Vergangenheit angehört. Aber in der Zeit, in der unsere Geschichte spielt, im

6. Jahrhundert vor Christus, war Nebukadnezar noch dicke da mit seiner Devise: „Wer die Jugend hat, hat die Zukunft." „Und der König sprach zu Aschpenas, seinem obersten Kämmerer, er sollte einige von den Israeliten auswählen, und zwar von königlichem Stamm und edler Herkunft, junge Männer" (Vers 3). Die jungen Männer fordert er. Die Mädchen braucht er nicht. Erst Napoleon hat später, ganz im Geist Nebukadnezars, das berühmte Wort gesagt: „Gebt mir Mütter!"

Vom kriegstechnischen Standpunkt aus sind die Frauen bloß wichtig als Gebärmaschinen für die Nachschubproduktion von Kanonenfutter. Aber so weit ist Nebukadnezar noch nicht. Ihm genügen erst mal die Jungs, und zwar beschränkt er seine Auswahl auf junge Männer, die keine Gebrechen hätten" (Vers 4). Für gebrechliche junge Männer hat Nebukadnezar nichts übrig. Die können weder ein MG schleppen noch eine Handgranate schleudern, die sind im Kriege zu nichts zu gebrauchen und laufen schon im Frieden unter der Rubrik „Unkosten".

Darum versuchen die Nachfolger von Nebukadnezar – jetzt hab ich's aber satt, immer diesen langen Namen aufzusagen, ab jetzt genügt die Kurzform, also „Nebu" – also dessen Nachfolger versuchen heute weltweit zu verhindern, dass behinderte Menschen überhaupt erst geboren werden. Wenn sie rauskriegen, z. B. durch vorgeburtliche Diagnostik, dass ein Kind mit Behinderungen zur Welt kommen könnte, schon wenn sie das nur vermuten, versuchen sie zu verhindern, dass es auf die Welt kommt. Dann wird der Abbruch der Schwangerschaft angeordnet, empfohlen, durchgeführt, also das Kind im Mutterleib getötet.

Wenn das behinderte Kind aber doch zur Welt gekommen ist, dann versuchen sie, es möglichst unauffällig wieder loszuwerden. Es war wieder Adolf Hitler, der das in großem Stil betrieben hat. Die Nazis haben das Unwort vom „lebensunwerten Leben" erfunden und haben Behinderte deswegen vergast, weil sie behindert waren. Die Hiefrigen[1], die Gebrechlichen, die Behinderten haben in der Welt des Nebu keine Chance. Wenn ich von Nebu spreche, meine ich den König von Babylon aus dem 6. Jahrhundert vor Christus. Aber Nebu ist gleichzeitig ein Symbol für alle Jahrhunderte, ein Symbol für alle Mächte, die die Jugend, die Juden, die Menschen, die Seelen, die das Leben überhaupt bedrohen. Nebukadnezar lebt unter uns, lebt in uns. Er ist der Geist dieser Welt, der Zeitgeist, der auch unser Denken bestimmt.

Denn das Ideal einer Jugend, wie es Nebu im 6. Jahrhundert vor Christus hatte, deckt sich peinlich genau mit dem Ideal von Jugend, das wir im 21. Jahrhundert nach Christus haben. Nebu verlangte „junge Leute, die keine Gebrechen hätten, sondern schön, begabt, weise, klug und verständig wären, also fähig, am Königshof zu dienen" (Vers 4). Das ist doch haargenau das Ideal von Jugend, wie es hinter jeder Werbung für Kosmetik, Kader und Kaserne steht. Schön muss sie sein, die Jugend, knackärschig, glatthäutig und mit Bizeps. Die Begriffe „schön" und „Jugend"

---

1 hiefrig, Adj. verkommen, im Wachstum zurückgeblieben, Deutsches Wörterbuch, J. & W. Grimm

gehören für uns genauso zusammen wie „häßlich“ und „alt“. Und noch die älteste Schreckschraube schlingt sich einen poppigen Schal um den ausgedörrten Hals, um jünger zu wirken, und noch der älteste Popper der Stadt zwängt seine fette Bierwampe in ein Paar Jeans, um dünner zu wirken. Jungsein ist angesagt auf Biegen und Brechen. Auch für unsere Senioren hat unsere Jugendmodeabteilung ein lohnendes Angebot.

Na, und die übrigen Merkmale – begabt, weise, klug und verständig –, die sind doch selbstverständlich für jedes Schulkind bzw. für dessen Eltern. So wollen wir sie doch haben, unsere Kinderchen, und dagegen ist ja noch nicht mal was einzuwenden, im Gegenteil, ein paar mehr Jugendliche, die begabt, klug und verständig sind, könnte unsere Gesellschaft durchaus gebrauchen, denn bloß mit Wände-Besprühen und -Bepinkeln ist auch kein Staat zu machen.

Schnauze, sonst Beule

Nichts gegen eine kluge, verständige Jugend – die Frage ist nur, wozu Nebu so eine Jugend haben will. Was ist das Ziel seiner Erziehung? Das steht hier am Schluss ganz klar. Das ist so wichtig, dass es gleich zweimal dasteht, in Vers 4 und 5. Das Erziehungsziel ist: „... fähig, am Hof des Königs zu dienen.“ Königstreu muss die Jugend sein, regierungstreu, staatstreu, linientreu, das ist die Hauptsache, darauf läuft alles hinaus. Die Jugend muss dem König, der Obrigkeit, dienen können. Nebu muss sich auf die ergebenen Dienste seiner Jugend absolut verlassen können.

Zum letzten Mal für heute zitiere ich Hitler, weil der es auch an diesem Punkt auf die Spitze getrieben hat. Hitler hat gesagt: „In meinen Ordensburgen wird eine Jugend heranwachsen, vor der die Welt erschrecken wird ... Ich werde sie in allen Leibesübungen ausbilden lassen. Ich will eine athletische Jugend. Das ist das Erste und Wichtigste ... Beherrschung müssen sie mir lernen. Sie sollen mir in den schwierigsten Proben die Todesfurcht besiegen lernen." Das Vorbild der Ordensburgen, in denen Hitler seine Jugend auf Bestie trimmte, war die Schule von Nebu. Der hat dort für die jungen Männer aus Israel gut gesorgt. Unheimlich gut. Er bietet ihnen die besten Bildungschancen und die besten Posten, und auch sonst wird er an seinem Hof einiges zu bieten gehabt haben:

Mal Disko, mal Ball,
mal ein Jugendfestival,
mal ein harter Härtetest
oder auch ein Schützenfest.

Jedenfalls lässt Nebu es sich etwas kosten, die Jungs zu erziehen. Das heißt, es handelt sich bei dieser Erziehung in Wirklichkeit um eine *Um*erziehung. Nebu will Königsdiener. Aber was er vor sich hat, sind Gottesdiener. Die vier jungen Männer sind Juden, also Menschen, die an Gott glauben. Ihnen ist das 1. Gebot in Fleisch und Blut übergegangen: „Ich bin der Herr, dein Gott, du sollst keine anderen Götter haben neben mir."

Um solche Gottesdiener zu Königsdienern umzufunktionieren, dazu ist Schulung nötig, Umschulung. So was klappt nicht von heute auf morgen. Deshalb stellt Nebu einen Plan auf, und zwar für drei Jahre. Dieser Dreijahresplan enthält drei Schwerpunkte. Nebu weiß, dass der Mensch aus drei Teilen besteht: Leib, Seele und Geist. Deshalb kümmert sich Nebu um ihren Geist und bestimmt, was sie zu denken haben. Er kümmert sich um ihre Seele und bestimmt, was sie zu glauben haben. Und er kümmert sich um ihren Leib und bestimmt, was sie zu essen haben. Nebus Erziehungsideal ist total, sein Erziehungsprogramm stramm.

Der erste Punkt der Umschulung ist die Umbenennung. Den Jungs werden als Erstes die Ausweise abgenommen, also ihre Identitäten genommen. Das heißt: Ihnen werden ihre Namen genommen, und sie kriegen neue. „Und er nannte Daniel Beltschazar und Hananja Schadrach und Mischael Meschach und Asarja Abed-Nego" (Vers 7). Diese Umbenennung ist kein hirnrissiger Spleen und keine harmlose Spielerei. Da steckt System dahinter. In allen vier Namen kommt nämlich das hebräische Wort „Gott" vor. Daniel bedeutet: „Gott ist Richter." Also Gotthard. Michael bedeutet: „Wer ist wie Gott?" Also Gottwald. Hananja bedeutet: „Güte Gottes." Also Gottlieb. Und Asarja bedeutet: „Gott hilft." Also Gotthilf.

Stellt euch mal vor, die haben BaBü (das ist die Abkürzung für „Babylonische Bürgerkunde"), und der Lehrer sagt: „Gotthilf, sei mal so lieb und hilf dem Gottlieb beim Abwischen der Tafel, damit der Gotthard verbessern kann, was der Gottwald falsch gemacht hat." Solche frommen Namen sind natürlich an der Kaderschmiede Nebus unmöglich. Das verhasste Wort „Gott" muss verschwinden. Jede Erinnerung an die frommen Eltern, die gläubige Gemeinde, überhaupt an Gott, muss weg. Was jetzt rein muss in die Köpfe, ist die Weltanschauung des Herrschers. Sie müssen sein Denken übernehmen, deshalb ist Punkt 2 des Dreijahresplanes, Vers 4, sie sollen „in Schrift und Sprache der Chaldäer unterrichtet werden". Ein richtiger Diener muss die Sprache seines Herrn sprechen. Nur so kann das Erziehungsziel, „vor dem König zu dienen", erreicht werden.

Dritter Schwerpunkt: „Der König bestimmte, was man ihnen täglich geben sollte von seiner Speise und von dem Wein, den er selber trank" (Vers 5). Das war natürlich nobel, den Jungs das gleiche feudale Futter zu geben, wie es seine Majestät höchstderoselbst speiste, und außerdem noch den teuren Beaujolais statt 'ne Kanne Malventee zu spendieren. Aber auch das hatte seinen Haken. Von dem, was am Königshof gegessen und getrunken wurde, jedenfalls vom Fleisch und Wein, wurde ein Teil den Göttern geopfert. Und das war der Punkt, wo die vier jungen Männer nicht mehr mitmachen konnten. Und damit ihr das verstehen könnt, wollen wir uns die vier mal etwas näher ansehen, vor allem den Daniel.

Wer vergisst, isst

Daniel ist ein junger Mann, der an Gott glaubt. Er wird gezwungen, in einer gottlosen Welt zu leben, die ihn zu einem gottlosen Fürstenknecht umerziehen will. Daniel ist ein junger Mann, der ein waches Gewissen hat. Die Gewissenhaftigkeit dieses Einen an einem bestimmten Punkt wird zur folgens- und segensreichen Gehorsamsverweigerung aus Gewissensgründen. Daniel ist ein junger Mann, der weiß, dass man im Glauben sehr schnell schwach wird, wenn man keine Glaubensgenossen hat. Also sucht Daniel Freunde. Wie das so ist, findet er nicht viele. In einer Jugend, die bloß an der Flasche und an der Zentralhaltestelle rumhängt, gibt's nicht viele, die nach Gottes Maßstab leben. Hunderte, Tausende sind mit Daniel in der Gefangenschaft. Aber er findet nur ganze drei, die treu bleiben wollen: Hansi, Mischa und Atze. Vier von Tausenden, mehr nicht.

Und diese vier setzen sich zusammen und sagen sich: „Wir würden zwar lieber woanders leben, aber wir leben nun mal hier. Gott hat uns hierhergestellt. Und deswegen ist es nicht unsere Aufgabe, Plakate zu malen mit der Aufschrift ‚Nebu ist blöde'. Es ist auch nicht unsere Aufgabe, Flugblätter gegen die babylonischen Unterdrücker zu drucken oder staatsfeindliche Texte zu schreiben. Wir haben diesem Staat zu gehorchen, ob der uns nun passt oder nicht. Wir müssen manches mitmachen, z. B. das Schulungsprogramm, und können und dürfen da nicht aussteigen. Wir müssen manches schlucken, was uns nicht schmeckt, ohne dass wir uns deswegen von Gott trennen. Aber es gibt für alles eine Grenze. Und wenn die überschritten ist, ist die Trennung von Gott vollzogen. Deshalb", so sagen sich die vier, „müssen wir eins machen: Wir müssen eine klare Grenze ziehen, wie weit wir gehen können und ab wann wir nach dem Grundsatz handeln müssen: Man muss Gott mehr gehorchen als den Menschen."

Die vier setzen sich also eine Grenze und sagen: „Bis dahin kann der König mit uns rechnen, von da an ist Schluss mit der Loyalität."

Mit dieser Grenzziehung tun sie etwas enorm Wichtiges. Sie retten damit ihren Glauben. Viele Menschen haben ihren Glauben nicht durch Zweifel oder Vernunftargumente verloren, sondern durch Anpassung an die gottlose Umwelt. So ist es vielen Juden dort in Babel ergangen. Erst haben sie ein bisschen mitgemacht. Dann haben sie sich immer mehr angepasst. Dann kamen die Zweifel. Dann kam der Gedanke, ob es Gott überhaupt gibt, und dann haben sie ihren Glauben verloren.

Die vier jungen Männer haben ihren Glauben gerettet, indem sie eine Grenze gezogen haben. Und zwar haben sie diese Grenze gezogen, wo es um Essen und Trinken ging. Ich habe das schon erwähnt: Von dem Fleisch und dem Wein, den es beim König gab, wurde ein Teil den Göttern geopfert, geweiht. Nun hat Gott in der Bibel den Juden streng verboten, so was zu essen und zu trinken. Wenn die vier da mitgemacht hätten, hätte es so ausgesehen, als würden sie auch an die babylonischen Götter glauben, als wären sie auch überzeugt von der modernen Weltanschauung – und damit hätten sie Gott verraten und verleugnet. Denn jeder, der sie dabei gesehen hätte, hätte gesagt: „Guck mal an, jetzt sind die auch Nebukisten geworden."

Die Marotte mit der Karotte

„Aber Daniel nahm sich in seinem Herzen vor, dass er sich mit des Königs Speise und mit seinem Wein nicht unrein machen wollte" (Vers 8). Er marschiert also zum obersten Küchenbullen, knallt die Hacken zusammen, macht Männchen und sagt: „Melde gehorsamst, alle Zimmergenossen von Stube 15 haben was gegen Fleisch und Wein. Könnten wir nicht bitteschön auf Diät gesetzt werden?" – „Und Gott gab es Daniel, dass ihm der oberste Küchenchef günstig und gnädig gesinnt wurde" (Vers 9). Es steht nämlich an anderer Stelle in der Bibel: „Des Königs Herz ist in der Hand Gottes wie Wasserbäche; er lenkt es, wohin er will" (Sprüche 21,1).

Das ist hier mal so ein Fall, wo sich dieses Bibelwort erfüllt. Hier hat Gott das Herz eines königlichen Beamten gelenkt wie einen Wasserbach, der Küchenbulle drückt nämlich ein Fettauge zu und genehmigt Wasser statt Wein. Allerdings hat er Schiss, dass die Jugendfreunde ohne die königlichen Schnitzel vom Fleisch fallen, und so dünne sind sie dann nicht mehr als Regierungskader geeignet, höchstens noch für die Kreisebene. Und er selber fürchtet um sein Leben, wenn das rauskommt. Aber Daniel macht der Küchenschabe Mut: „Versuchs doch mal mit deinen Knechten zehn Tage lang und lass uns Gemüse zu essen und Wasser zu trinken geben. Und dann lass dir unser Aussehen und das der jungen Leute, die von des Königs Speise essen, zeigen" (Vers 12 und 13).

Der Test wird gemacht, die Gemüsedekade beginnt, nach zehn Tagen melden sich die vier

Vegetarier beim Küchenbullen zur Kontrolle, und siehe da, „nach zehn Tagen sahen sie schöner und kräftiger aus als alle jungen Leute, die von des Königs Speise aßen“ (Vers 15).

Diese Geschichte ist keine Werbung für alternative Ernährung, für BSE-freie Schulspeisung mit Müsli und geschabten Möhren. Obwohl ich natürlich sagen muss, dass wir alle zuviel Fleisch essen und vor allem die viele Schweinefleischesserei wirklich ungesund ist. Da bin ich mir mit Miss Piggy völlig einig. Das steht übrigens alles schon in der Bibel, und wenn wir uns mehr nach den Ernährungsvorschriften der Bibel richten würden, würden wir viel gesünder leben. Es gäbe weniger kranke Menschen, wenn es mehr Gott gehorsame Menschen gäbe. Auch Fettbauch, Nieren- und Gallenstein können die Folge von Gottlosigkeit sein.

Aber in unserer Geschichte geht es nicht nur um die Gesundheit des Leibes, sondern vor allem um die Gesundheit der Seele. „Der Mensch lebt nicht vom Brot allein, sondern von einem jeden Wort Gottes“, sagt die Bibel (5. Mose 8,3). Du kannst noch so viel zu essen haben – wenn du unglücklich bist, schmeckt's nicht, und wenn du mit schlechtem Gewissen isst, bekommt's nicht. Daniel knabbert seine Portion Radieschen mit einem guten Gewissen, einem dankbaren Herzen und einem Tischgebet. Und deshalb gedeiht er dabei. Er fühlt sich wohl bei Milch und Kohl, obwohl das, was er isst, Gemüse, in den Augen Nebus und der Welt verachtete Speise ist.

Nebu, mach den Deckel zu!

Wie viele Kinder müssen sich gefallen lassen, dass ihnen verächtlich gesagt wird: „Was die euch da im kirchlichen Unterricht erzählen, ist doch Kohl." Wie viele Jugendliche müssen sich gefallen lassen, dass ihnen verächtlich gesagt wird: „Was die euch da im Konfirmandenunterricht erzählen, ist doch Käse." Wie viele Menschen müssen sich gefallen lassen, dass ihnen verächtlich gesagt wird: „Was die euch da in der Kirche erzählen, ist doch kalter Kaffee. Von diesem abgestandenen Zeug kann man doch heutzutage nicht mehr leben. Um im Leben vorwärts zu kommen, braucht man eine ganz andere Grundlage, einen ganz anderen Standpunkt."

Das hören wir schon seit Nebus Zeiten. Aber seit der Erschaffung der Welt ist das Wort Gottes der sicherste Standpunkt der Welt. Gott segnet alle, die gehorsam nach seinem Wort leben.

Am Ende unseres Kapitels heißt es von den vier jungen Männern: „Und der König fand sie in allen Sachen, die er sie fragte, zehnmal klüger und verständiger als alle Zeichendeuter und Weisen in seinem ganzen Reich" (Vers 20). Gott ist denen treu, die ihm treu sind. Und wenn du Gott die Treue hältst, lässt er dich auch nicht sitzen, sondern er wird dir das geben, was du zum Leben brauchst. Wer nach Gottes Wort lebt, wird nicht verkohlt, sondern gesegnet.

Dem Daniel gab Gott Freunde, Gesundheit, Verstand, Erfolg und einen guten Posten. Er arbeitete als treuer Staatsdiener auf einem der höchsten Posten in der Regierung Nebukadnezars, zum Wohle des babylonischen Reiches, aber die oberste Autorität seines Lebens blieb Gott. Um noch mal auf den Satz „Wer die Jugend hat, hat die Zukunft" zurückzukommen – das hat beim Nebu auch nicht geklappt. Er hatte zwar die Jugend, aber die Zukunft hatte er nicht. Es dauerte nicht lange, da klappte das babylonische Weltreich zusammen. Es kam die nächste Großmacht, es kam der nächste Herrscher, der Kyros, und Nebu hatte abgegessen. Am Schluss des Kapitels, im letzten Vers (21) heißt es: „Und Daniel blieb im Dienste bis ins erste Jahr des Königs Kyros." Es heißt nicht: „Und Nebukadnezar blieb." Nein, es heißt: „Und Daniel blieb." Wie es mit ihm weiterging, erzähle ich das nächste Mal. Die Bibel sagt: „Wer mir gehorcht, wird sicher bleiben" (Sprüche 1,33).

Gottes Griff in die Geschichte

DANIEL 2

Als ich mich auf diese Predigt vorbereitete, hatten alle wieder mal dasselbe Thema am Wickel – wie in jedem Mai: das Ende des Zweiten Weltkriegs im Mai 1945. Nun hab ich mir gesagt: Wenn sowieso alle darüber reden, muss ich ja nicht auch noch damit anfangen. Am besten, ich halte mich da raus und halte mich stur an meinen Plan, weiter über den Propheten Daniel zu predigen. Da bin ich im 6. Jahrhundert vor Christus und weit weg vom 8. Mai 1945. Also habe ich mich hingesetzt und angefangen, Daniel Kapitel 2 zu lesen. Und da hab ich gedacht, ich träume. Da hab ich wieder voll reingegriffen. Denn in Daniel 2 geht's um genau das Thema, dem ich eigentlich aus dem Weg gehen wollte: um den Zusammenbruch der Weltreiche. Und zwar vom Standpunkt Gottes aus gesehen. Gott hat nämlich auch was zur Weltgeschichte zu sagen. Vor allem möchte er dir was sagen. Es ist kein Zufall, dass jetzt dieser Bibeltext dran ist: Gott möchte mit dir sprechen.

Morgenstund ist ungesund

Ihr erinnert euch: 6. Jahrhundert vor Christus, babylonisches Weltreich, Jerusalem hat den Krieg verloren, die Jugend wurde nach Babel deportiert. Der damals amtierende „größte Feldherr aller Zeiten" hieß Nebukadnezar, kurz Nebu, ein Diktator, vor dem die Leute zitterten. Und am meisten zitterten sie, wenn er böse Träume hatte. Denn wenn Tyrannen böse Träume haben, werden sie ungemütlich. Wenn Tyrannen böse Träume haben, werden sie unangenehm. „Im zweiten Jahr seiner Regierung hatte Nebukadnezar einen Traum, über den er so erschrak, dass er aufwachte“ (Vers 1).

Kennt ihr das auch? Manchmal wacht man auf, weil man geträumt hat, aber man kann sich einfach nicht mehr daran erinnern, was man geträumt hat. Man weiß vielleicht noch ein paar Einzelheiten. Ein paar Bilder sieht man ganz scharf und deutlich, aber der Traum als Ganzes, der Inhalt, die Handlung, verschwimmt und ist nicht mehr fassbar. Man weiß bloß noch: Es war irgendwas Scheußliches. Und man ist bedrückt. Manchmal läuft man den ganzen Tag bedrückt rum, weil man schlecht geträumt hat.

Nebu sitzt im Nachthemd auf der Bettkante, kratzt sich am Kopf und ist hilflos. „Ich hab einen Traum gehabt; der hat mich erschreckt, und ich wollte gern wissen, was es mit dem Traum gewesen ist“ (Vers 3). Mit diesen Worten beschreibt Nebukadnezar präzise unser Verhältnis zur Weltgeschichte.

Wir suchen zu erfassen, wie das eigentlich gewesen ist mit diesen zwei Diktaturen und zwei Weltkriegen. Wie das kommen konnte. Wie das möglich war. Ich versuche nun schon ein Leben lang, das zu begreifen. Ich habe viele Bücher darüber gelesen und gesammelt. Wenn im Fernsehen Aufnahmen aus dieser Zeit kommen, könnte ich in den Fernseher reinkriechen. Ich versuche, in die Gesichter dieser Menschen zu sehen: Göbbels, Eichmann, Hitler,

Stalin, Honecker, Mielke. Ich möchte dahinterkommen, was das für Menschen waren und ob das überhaupt Menschen waren. Wie war das möglich, dass denen Millionen folgten? Wie war das möglich, dass die Millionen umbrachten?

Und so sehr ich das zu begreifen suche, es bleibt für mich alles wie ein böser Traum. In der Nazizeit war ich ja noch ein Kind. Manches habe ich miterlebt. Manche Szenen, gerade vom Mai 1945, sehe ich noch taghell-scharf. Aber das meiste ist neblig-unfassbar, eben wie ein verschwommener Traum. Und ich vermute, das geht nicht nur mir so, sondern vielen anderen auch, vielleicht sogar allen, die über Vergangenheit mit Krieg, Hunger, Spitzeln, KZs und Terror reden. Wir haben eine Welt gesehen, in der sich die Ereignisse traumhaft jagten. Eine Zusammenballung des Bösen, eine Ausgeburt des Teuflischen, eine Orgie des Schreckens. Wir möchten gerne begreifen, was das war, aber wir kriegen es nicht zu fassen, gleich gar nicht den Alptraum des Kommunismus mit seinen 100 Millionen Toten. Wir wissen nur eins: Es war ein böser Traum.

Unsere Elite – eine Niete!

Mag der Nebukadnezar im 6. Jahrhundert vor Christus gelebt und geträumt haben – heute sitzt er unter uns. Er sitzt neben dir. Er sitzt auf deinem Platz. Er sitzt in deinem Denken. Nebukadnezar ist das Symbol für den Geist der Zeit. Denn genauso, wie er sich verhält in seiner Hilflosigkeit, verhalten wir uns auch, wenn wir nicht mehr weiterwissen. Nebu kann sich nicht erklären, was er da geträumt hat. Er weiß nicht weiter, und da schreit er nach den Fachleuten: „Und der König ließ alle Zeichendeuter und Weisen und Zauberer und Wahrsager zusammenrufen" (Vers 2). Die Intelligenz muss ran, der Fachmann, der Experte, und wenn's der Experte für solchen Mumpitz wie Wahrsagerei ist.

So läuft das doch heute bei uns auch. Nicht nur, dass Spitzenvertreter von Wirtschaft und Politik zu Wahrsagern laufen, um sich beraten zu lassen. Unsere ganze Welt steckt bis über beide Ohren in Problemen, die keiner mehr so richtig in den Griff kriegt, und da erwarten alle irgendwelche Hilfe von irgendwelchen Sachverständigen und Experten. Inzwischen geht die Macht dieser Leute schon so weit, dass der Durchschnittsbürger gar nichts mehr zu melden hat.

In der DDR-Diktatur war das richtig grotesk. Ich habe 18 Jahre meines Lebens auf der Schul- und Hochschulbank gesessen. Ich habe die höchste wissenschaftliche Qualifikation erreicht. Aber welche Bücher ich lesen durfte, durfte ich nicht selber bestimmen. Sondern da saß im Zollamt ein Experte, und der hat das bestimmt. Diese Entscheidung wurde von dem gefällt, und ich habe schon damals gesagt, dass mir das nicht gefällt.

Oder: Ich habe 50 Jahre in Sachsen verbracht und hätte gern mal ein bisschen was von der Welt gesehen. Auch wenn ich bloß 'ne Reise in den Schwarzwald beantragt hätte, es hätte niemanden interessiert, dass mich der Schwarzwald interessiert.

Sondern da hätte mir ein Experte erklärt, dass die allgemeine Weltlage nicht zulässt, dass der Pfarrer Lehmann im Schwarzwald spazieren geht. Und so bin ich eben zu Hause geblieben und habe dadurch den Ausbruch des Dritten Weltkrieges verhindert.

Heute ist das alles ja noch viel schlimmer. Denn was die Experten da treiben mit den Genen und dem Klonen und den Atomkanonen, das ist für unsereinen völlig undurchschaubar. Und wenn man versucht, sich dazu eine Meinung zu bilden oder zu äußern, dann heißt es: „Das kannst du doch gar nicht beurteilen. Das musst du schon den Fachleuten überlassen."

Aber inzwischen haben wir doch alle den Eindruck, dass diese Fachleute selber hilflos sind. Die Probleme der Welt werden immer undurchschaubarer, die Welt immer unregierbarer. Und wir haben den Eindruck, dass die Machthaber und ihre Ratgeber nur noch hilflos auf die katastrophale Entwicklung der Weltpolitik reagieren, aber keiner hat einen klaren Kurs oder ein konkretes Konzept, wie die gekippte Karre aus dem Dreck zu ziehen ist. Die Mächtigen dieser Erde mit ihren Fachberaterstäben machen zurzeit einen ziemlich hilflosen Eindruck.

So wie Nebus Experten damals. „Und sie kamen und traten vor den König. Und der König sprach zu ihnen: Ich habe einen Traum gehabt; der hat mich erschreckt, und ich wollte gern wissen, was es mit dem Traum gewesen ist. Da sprachen die Wahrsager zum König auf Aramäisch: Der König lebe ewig! Sage deinen Knechten deinen Traum, so wollen wir ihn deuten. Der König antwortete und sprach: Mein

Wort ist deutlich genug. Werdet ihr mir nun den Traum nicht kundtun und deuten, so sollt ihr in Stücke gehauen und eure Häuser sollen zu Schutthaufen gemacht werden. Wenn ihr mir aber den Traum kundtut und deutet, dann sollt ihr Geschenke, Gaben und große Ehre von mir empfangen. Darum sagt mir den Traum und seine Deutung. Sie antworteten noch einmal und sprachen: Der König sage seinen Knechten den Traum, dann wollen wir ihn deuten. Der König antwortete und sprach: Wahrhaftig, ich merke, dass ihr Zeit gewinnen wollt“ (Vers 2-8).

Nun sagen die wieder: „Das ist doch unmöglich! Woher sollen wir denn den Traum wissen? Das können wir nicht. Das kann kein Mensch. Das können nur die Götter!“ Aber da packt den König die Wut, und er befiehlt, alle Weisen im Lande umzubringen. Wo die Weisen nicht mehr weiterwissen, folgt der Griff nach der Gewalt. Wo die Entwicklungssachverständigen nicht weiterwissen, wird nach der Gewalt gegriffen: Revolution. Noch mehr Blutvergießen. Wo du im persönlichen Leben nicht mehr weiterweißt, wird nach der Gewalt gegriffen: Aggression. Noch mehr Ärger. Du wirst ranzig. Gebrauchst die Ellenbogen. Wo der Kopf versagt, muss die Faust herhalten. Gewalt – das wird hier ganz deutlich – ist das Zeichen letzter Hilflosigkeit. Wenn Nebu mit seinen Werken und seiner Weisheit am Ende ist, muss der Henker her. Eine blutige Säuberungsaktion unter der Intelligenz des Landes ist angesagt.

Risse in der Weltkulisse

Aber nun lebte in jenem Land am Hof des Königs Nebu der Jugendfreund Daniel. Ein Gefangener aus Juda, ein Mensch, der an Gott glaubt. Der lebt weder zufällig noch umsonst dort. Als er von Jerusalem nach Babel deportiert wurde, hat er vielleicht mit seinem Schicksal gehadert und mit Gott gekämpft: „Warum lässt du das zu? Warum muss ich das erleiden? Warum muss ich hier leben?“ Jetzt bekommt er die Antwort auf diese Fragen. Jetzt zeigt sich, dass das alles einen Sinn hat. Jetzt kommt raus, dass Gott ihn in Babel braucht. Gott braucht ihn, um dem Nebu etwas zu sagen, um überhaupt den Menschen etwas zu sagen, um dir etwas zu sagen. Daniel erfährt von der bevorstehenden Ausrottungsaktion, von der übrigens auch er selber betroffen ist. Auch er steht auf der schwarzen Liste und wird von der Gestapo gesucht.

In einer solchen Situation gibt es für ein Gotteskind nur eins: das Gebet. Leute, ich fürchte, die meisten von euch haben noch gar nicht begriffen, welche Macht das Gebet ist. Manche sagen: „Bloß mit Beten ist auch nichts getan.“ Erstens hat niemand gesagt, dass du nichts tun und bloß beten sollst. Und zweitens, was heißt hier „bloß beten“? So reden Leute, die noch nie länger als anderthalb Minuten gebetet haben. Die noch nie erfahren haben, dass Beten Kraft gibt, aber manchmal auch Kraft kostet. Manchmal ist Beten Arbeit, schwere Arbeit. Und es ist klug, wenn man für schwere Arbeiten Helfer sucht. Daniel sucht seine drei Freunde auf: Mischa, Hansi und Atze. Er fordert sie auf, ihm beim Beten zu helfen. Und dann halten die vier jungen Männer eine Gebetsgemeinschaft, irgendwo am Hof des Diktators Nebu. Vielleicht haben sie sich im Heizungskeller getroffen oder auf der Wiese hinter den Klos, und dort beten sie los. „Damit sie den Gott des Himmels um Gnade bäten wegen dieses Geheimnisses“ (Vers 18).

Es gibt Situationen und Dinge, die uns unklar sind. Aber es gibt Gebetserhörungen, wo Gott Klarheit schenkt. Noch in der gleichen Nacht offenbart Gott dem Daniel den Traum und seine Deutung. Und bevor Daniel zum König geht, geht er vor Gott auf die Knie und lässt ein Dankgebet los. Das ist das Geheimnis aller christlichen Widerstandskämpfer und Bekenner: Wer vor Gott gekniet hat, kann aufrecht vor Menschen stehen. Wer sich vor Gott, dem Herrn der Welt, gebeugt hat, braucht vor den Herren dieser Welt den Buckel nicht mehr krumm zu machen.

Als Daniel vom Gebet aufsteht, geht er als Erstes zum Chef des Einsatzkommandos und sagt dem: „Bring die Intelligenzler nicht um, bring mich lieber zum König. Ich bringe die Lösung.“ Als er vor dem König steht, macht er diesem Tyrannen erstens klar, dass er von seinen Weisen Menschenunmögliches verlangt hat. Zweitens bezeugt er diesem Götzenanbeter: „Aber es ist ein Gott im Himmel, der kann Geheimnisse offenbaren“ (Vers 28). Und damit von vornherein klar ist, dass er seine Weisheit nicht von sich, sondern von Gott hat, sagt er drittens: „Mir ist dieses Geheimnis offenbart worden, nicht als wäre meine Weisheit größer als die aller, die da leben“ (Vers 30).

So, und nachdem das geklärt ist, kommt Daniel zur Sache: „Du, König, hattest einen Traum, und siehe, ein großes und hohes und hell glänzendes Bild stand vor dir, das war schrecklich anzusehen. Das Haupt dieses Bildes war von feinem Gold, seine Brust und seine Arme waren von Silber, sein Bauch und seine Lenden waren von Kupfer, seine Schenkel von Eisen, seine Füße waren teils von Eisen und teils von Ton. Das sahst du, bis ein Stein herunterkam, ohne Zutun von Menschenhänden; der traf das Bild an seinen Füßen, die von Eisen und von Ton waren, und zermalmte sie. Da wurden miteinander zermalmt Eisen, Ton, Kupfer, Silber und Gold und wurden wie Spreu auf der Sommertenne, und der Wind verwehte sie, dass man sie nirgends mehr finden konnte. Der Stein aber, der das Bild zerschlug, wurde zu einem großen Berg, so dass er die ganze Welt erfüllte. Das ist der Traum.

Nun wollen wir die Deutung sagen. Du König ... bist das goldene Haupt. Nach dir wird ein anderes Königreich aufkommen, geringer als deins, danach das dritte Königreich, das aus Kupfer ist und über alle Länder herrschen wird. Und das vierte wird hart sein wie Eisen. Denn wie Eisen alles zermalmt und zerschlägt, ja, wie Eisen alles zerbricht, so wird es auch alles zermalmen und zerbrechen. Dass du aber die Füße und Zehen teils von Ton, teils von Eisen gesehen hast, bedeutet: Das wird ein geteiltes Königreich sein“ (Vers 31-41).

Hier wird also durch Daniel dem König und auch uns gezeigt, „was in zukünftigen Zeiten geschehen soll“ (Vers 28). Gott lässt uns hier einen Blick hinter die Kulissen der Weltgeschichte werfen. Wir sehen als Erstes, wie ein Weltreich das andere ablöst und eins nach dem anderen zusammenbricht. Und als Zweites sehen wir, dass hinter jedem Zusammenbruch die Hand Gottes steckt. Denn hier ist die Rede von einem Stein, der „ohne Zutun von Menschenhänden" (Vers 34) den Weltreichen vor die Füße rollt und über den sie stolpern und zusammenbrechen.

Den Schlusston pfeift ein Rolling Stone

Mit den vier Weltreichen sind sicher wirkliche Weltreiche gemeint, vom babylonischen bis zum römischen, aber das ist für uns nicht so wichtig. Wichtig ist, dass es kein irdisches Reich gibt, das hier nicht gemeint wäre.

Auch Deutschland hatte seine goldenen Zeiten. Aber zum Schluss war es, wie hier steht ab Vers 40, ein „zerteiltes Reich", aus Eisen und Ton, also zum Teil stark, zum Teil schwach. Die deutsche Intelligenz war schwach, die Kirche war schwach, die Christen waren schwach, stark war die eiserne Diktatur der Nazis: „Hart wie Eisen; denn wie Eisen alles zerbricht, so wird es auch alles zermalmen und zerbrechen" (Vers 40). Erst haben die Nazis die halbe Welt kaputt gemacht, dann sind sie selber krachen gegangen. Ein Staat, der auf den tönernen Füßen von blasiertem Humanismus und blassem Christentum und auf dem Klumpfuß der brutalen Gewalt steht, kann nicht bestehen.

Der Zusammenbruch des Nazireiches demonstriert uns besonders deutlich, was die Bibel als das

Wesen aller Nationen schildert. Nach glanzvollen goldenen Zeiten sind sie irgendwann alle zusammengekracht. Und wir waren Augenzeugen, wie das riesige kommunistische Weltreich zusammenkrachte, zusammenklappte wie ein alter Regenschirm, zusammensank wie ein alter Plastiksack und sang- und klanglos von der Bühne der Weltgeschichte verschwand.

Dass wir das noch selber erleben würden, haben wir zu DDR-Zeiten nicht geahnt, nicht mal zu hoffen gewagt. Aber dass irgendwann mal Schluss sein würde mit der DDR und dem kommunistischen Weltreich, das wussten wir schon damals, und zwar aus der Bibel, z. B. hier aus dieser Geschichte von Daniel. Dass die Reiche dieser Welt zerfallen, wissen eigentlich alle. Aber nicht alle wissen, warum das so ist und was das Ziel des Ganzen ist.

Hier im Danielbuch wird uns gesagt, worauf alles hinausläuft und was das Ziel der Weltgeschichte ist, nämlich das Reich Gottes: „Der Gott des Himmels wird ein Reich aufrichten, das niemals mehr zerstört wird; und sein Reich wird auf kein anderes Volk kommen. Es wird alle diese Königreiche zermalmen und zerstören. Aber es selbst wird ewig bleiben" (Vers 44).

Am Ende der Geschichte steht kein Weltreich, keine Vereinigten Staaten von Europa oder Eurasien, keine von der Scientology kontrollierte Weltmacht, keine klassenlose Gesellschaft, sondern das Reich Gottes. In dieses Reich Gottes wirst du heute eingeladen. Jeder darf in diesem Reich leben, der sich von Jesus seine Sünden vergeben lässt. An Jesus entscheidet sich dein Schicksal. Entweder ist er der Fels, auf dem du stehst, oder der Stein des Anstoßes, an dem du zugrunde gehst. Jesus hat sich selber mal als den Stein bezeichnet und gesagt: „Wer auf diesen Stein fällt, der wird zerschellen! Auf wen er aber fällt, den wird er zermalmen" (Matthäus 21,44).

Damit wird klar, wer hier im Danielbuch mit dem Stein gemeint ist: Der rollende Stein, der rolling stone, ist Jesus. Das Danielbuch sagt uns: Der große Stein, der alles zermalmt, ist schon im Anrollen. Er rollt immerzu durch die Geschichte und versinnbildlicht das Gericht Gottes, das über die Völker und ihre Führer ergeht und alle zermalmt, die Gott die Ehre verweigern.

Grundlage oder grundlos

Wo sind sie denn geblieben, die großen Reiche dieser Welt und ihre Herren? Nebukadnezar? Sein Grab ist unbekannt. Das herrliche Babylon? Ein Schutthaufen. Der Kaiser Nero? Ins Schwert gestürzt. Der Kaiser Napoleon? Vergiftet. Adolf Hitler, der „größte Feldherr aller Zeiten", vor dem die ganze Welt gezittert hat? Man sagt, er hat sich erschossen, dann haben sie ihn in einen Teppich eingewickelt, mit Benzin begossen und verbrannt. Von ihm gibt es nicht mal seine Asche, er ist vom Winde verweht. Auf sein Ende trifft zu, was hier in Vers 35 steht: „Und sie wurden wie Spreu auf der Sommertenne, und der Wind verwehte sie, dass man sie nirgends mehr finden konnte." Das Ende Hitlers und seines Reiches war ein Gottesgericht über die Sünde des deutschen Volkes, das sich an den Juden, dem Volk Gottes, dem Augapfel Gottes, vergriffen hatte.

Der Stein rollt, und der Stein des Gottesgerichtes wird auch vor deinem Leben nicht haltmachen, wenn du so weitermachst mit deiner Sünde und dein Leben nicht an Jesus auslieferst. Was auf tönernen Füßen steht, kann vor Jesus nicht bestehen, egal, ob es Weltreiche oder Menschenleben sind.

Es heißt hier in Vers 42, dass die Füße der Weltreiche aus Eisen und Ton sind. Aber Eisen und Ton kann man nicht miteinander vermengen. Das verträgt sich nicht. Das hält nicht. Wenn das Fundament nicht zusammenhält, fällt das Haus zusammen. Wenn du im Fundament deines Lebens Dinge hast, die sich nicht mit Gott vertragen, also wenn du Sünden hast, dann kannst du mit deinem Leben nicht vor Gott bestehen. Dann lass sie dir von Jesus vergeben!

Jesus hat sich mit Händen und Füßen ans Kreuz nageln lassen, um deine Schuld aus der Welt zu schaffen. Die Strafe für deine Sünden, die du verdient hast, hat er auf sich genommen. Also gib ihm deine Sünden! Gib ihm dein Vertrauen! Gib ihm dein Herz! Solange dein Herz geteilt ist zwischen Jesus und irgendetwas anderem, hast du dein Leben falsch aufgebaut, und Gottes Gericht wird dich überrollen.

Ich frage dich jetzt im Namen Gottes: Zu welchem Reich willst du gehören? Zu dem mit dem goldenen Kopf und den tönernen Füßen oder zu dem mit der Dornenkrone auf dem Kopf und den durchbohrten Füßen? Wohin willst du, jetzt, nachdem du weißt, welches Reich vergeht und welches besteht? Wohin gehörst du? Wohin gehst du? Wenn du die Vergänglichkeit dieser Welt dem Reich Gottes vorziehst, hast du von der Weltgeschichte und vom Leben nichts begriffen, nichts. Aber wenn du heute Jesus dein Leben gibst, dann hast du deine Zukunft gesichert. Dann hast du Bürgerrecht in Gottes Reich, und dann fang an, nach den Regeln von Gottes Reich zu leben.

Als der Daniel dem Nebu die ganze Weltgeschichte auf einen Ritt erklärt hat, hat er nicht als Konsequenz gesagt: „Da sowieso alle Reiche vergehen, gehe ich hiermit in Rente. Ich ziehe mich aus dem öffentlichen Leben zurück, gehe in Opposition oder Hungerstreik oder ins Grüne, schau'n wir mal." Sondern im Gegenteil! Als Nebu ihm den Posten des Ministerpräsidenten anbietet, nimmt er dankend an. Und er verschafft gleich noch seinen Kumpels Hansi, Mischa und Atze ebenfalls Ministerposten. Und dann leben und arbeiten diese vier Gotteskinder zum Wohl des gottlosen babylonischen Staates.

Wenn du erkannt hast, dass nur das Reich Gottes eine ewige Zukunftsperspektive hat, bedeutet das nicht, dass du dich ausklinken kannst und aus der Welt aussteigen musst, sondern dass du ab sofort in der Welt einsteigen musst. Jetzt geht es darum, dass du in dieser untergehenden, vergehenden Welt nach den Gesetzen von Gottes Reich lebst. Leute wie Daniel werden gebraucht!

Feuer frei

DANIEL 3

Bald geht wieder die Zeit los, wo einem die Leute aus dem Urlaub Ansichtskarten und Urlaubsfotos schicken. Die meinen das natürlich gut, aber mich bringt das in Wut, wenn ich noch zu Hause hocken muss. Wo die überall im Urlaub rumkriechen! In Griechenland, in Legoland, in Vorderasien, in Hinterindien, ein total Ausgeflippter hat mir sogar eine Postkarte von der Ostsee geschickt!

Und dann bekam ich neulich ein Urlaubsfoto aus Ägypten. Da hat sich ein Bekannter von mir mit noch ein paar anderen Kamelen vor so einer Pyramide fotografieren lassen. Habt ihr bestimmt auch schon mal gesehen, solche kegelförmigen Dinger. (Nicht die Höcker, ich meine die Hügel, eben die Pyramiden.) Das sind in Wirklichkeit superdimensionale Grabhügel, Denkmäler, die sich die ägyptischen Könige gebaut haben. Das heißt: Die Könige selber haben noch nie was gebaut. Die haben immer nur bauen lassen. Die Massen, die gebaut haben, werden später nicht mehr erwähnt.

Später heißt es nur noch: Hitler baute die Autobahn. Honecker baute den Palast der Republik. Semper baute die Semperoper usw. Jedenfalls: Gebaut muss werden. Das ist für jeden König einfach Ehrensache. Und als ich das Foto mit den Pyramiden in der Hand hielt, mit diesen riesigen Dingern in der flachen Wüste, da bekam ich eine Vorstellung von dem Ding, das der König Nebukadnezar bauen ließ.

Götterspeise mit Relisoße

Das Kapitel 3 im Danielbuch beginnt mit folgenden Worten: „Der König Nebukadnezar ließ ein goldenes Bild machen, 30 Meter hoch und 3 Meter breit und ließ es aufrichten in der Ebene Dura im Lande Babel" (Vers 1). Nebu baut also auch. Er baut ein Riesenstandbild von seinem Götzen, eine Monumentalschöpfung von superdimensionalen Ausmaßen. Ich weiß nicht, wie hoch der Nischel[2] von Karl Marx ist, der in Chemnitz mitten in der Stadt an der breiten Aufmarschstraße steht, und der ist ja schon groß genug. Aber im Vergleich zu Nebus Götzenstatue – überlegt euch mal: dreißig Meter hoch! – ist Charlies Köpfchen wirklich nur ein Nischel. Nebu stellt das Ding in der flachen Ebene auf, eben weil man's da am besten von allen Seiten sehen kann. Nur: Dass es die Leute bloß sehen, das genügt dem noch nicht. Sie müssen davor in die Knie gehen, unter dem tut er's nicht. Die Massen sollen nicht nur ansehen, sondern sie sollen anbeten. Also werden die Volksmassen zusammengetrommelt zur Standbildweihe, denn: „Sie sollten zusammenkommen, um das Bild zu weihen" (Vers 2).

Weihe ist immer ein Zeichen für Totalanspruch. Ein Gebäude wird geweiht – es gehört damit nur noch einem Zweck. Ein Priester wird geweiht – er gehört damit nur noch Gott. Die Jugend wird geweiht – sie gehört damit nur noch – ja, wem eigentlich? Das

---

2 „Nischel" ist im mitteldeutschen und sächsischen Sprachraum eine verbreitete Bezeichnung für den Kopf und Schädel. www.bedeutungonline.de

Bild wird geweiht – es gehört dem König und hat nur einen Zweck: Es muss angebetet werden. Es dient der Verherrlichung des Königs. Wenn man das als Deutscher so liest, muss man ja unwillkürlich an seine Schulzeit denken. Erinnert ihr euch? Deutschunterricht: Friedrich Schiller, Wilhelm Tell – wie der Geßler von den Leuten verlangt hat, sie sollten seinen Hut grüßen. Aber die Geschichte mit dem Geßler haben die meisten ja leider vergessen. Deshalb war's später nicht mehr ein Hut, sondern ein Hitler, eine Standarte, ein Standbild, ein Standpunkt, ein Staat.

Freunde, ihr müsst die Geschichtsbücher studieren, und ihr müsst das Buch der Bücher, die Bibel, studieren. Dann werdet ihr merken: Es ist alles schon mal dagewesen. „Es gibt nichts Neues unter der Sonne." Das ist übrigens auch ein Satz aus der Bibel (Prediger 1,9).

Also: Bei Nebu wird geweiht. Jede Weihe macht klar, wohin etwas gehört. Darum wird ja so viel Wert auf Weihen gelegt, auch wenn manche bloß mit den Lippen mitmachen. Das nimmt Nebu gern in Kauf, denn er weiß: Wer bei einer Weihehandlung mitmacht, kommt damit unter die Macht, die dahintersteht. Da bleibt was hängen. Da wird die Seele des Menschen an die Kette gelegt und in Beschlag genommen. Hier geht es ja nicht um eine äußerliche Demonstration, hier geht's um Religion! Eine Weihe ist schließlich eine religiöse Handlung. Wo was geweiht wird, wird's immer religiös. Und hier wird's ganz penetrant religiös: Niederfallen! Anbeten! „Es wird euch befohlen, ihr sollt niederfallen und das goldene Bild anbeten" (Vers 4-5).

Im Allgemeinen hat die Allgemeinheit der Bevölkerung keine Lust, an solchen Weihen teilzunehmen.

Deshalb lässt Nebu die Bevölkerung zur Standbildweihe kommandieren. In Nebus Reich geht überhaupt alles auf Kommando. Die Massen mussten, so heißt es hier (Vers 3), dem Standbild gegenüber aufmarschieren. Dort mussten sie warten, bis es enthüllt wurde. Und dann mussten sie jubeln, wie es ihnen eingedrillt worden war. Die mussten dauernd. Also ungefähr so wie bei der Einweihung der Bedürfnisanstalt von Clochemerle[3], bloß mit dem Unterschied, dass die Leute beim Nebu antreten mussten, auch wenn sie nicht wollten, während sie in Chlochemerle austreten durften, wenn sie mal mussten.

Jeder Arsch kriegt seinen Marsch

Also, beim Nebu mussten sie alle kommen und fröhlich sein. Nun kann man aber fröhliche Stimmung nicht kommandieren. Aber man kann sie manipulieren, stimulieren. Und das größte Stimmungsmittel war schon immer die Musik: drei, vier, ein Lied! Nebu lässt Musik machen. Viel Musik. Laute Musik. „Wenn ihr hören werdet den Schall der Posaunen, Trompeten, Harfen, Zithern, Flöten, Lauten und aller anderen Instrumente, dann ..." (Vers 5). Hier ist mehr als ein

---

3 „Clochemerle" ist eine 1934 erschienene Novelle des französischen Autors Gabriel Chevallier. In dem fiktiven Städtchen Clochemerle beschließt der um seine Wiederwahl besorgte Bürgermeister Piechut, eine öffentliche Bedürfnisanstalt zu bauen – direkt vis-à-vis der Kirche. www.wikepedia.de

Laienorchester am Werk. Das ist ein reichhaltiges musikalisches Angebot. An erster Stelle selbstverständlich Posaunen, Trompeten, also Blasmusik, Marschmusik. Das geht in die Beine. Das ist was für Männer ohne Kopf, Ärsche mit Beinen, die lieber marschieren, statt zu denken. Dazwischen sanfte Harfenklänge für die Frauen, Zithern für die zittrigen Alten. Ein paar Flöten für die Kinder und für die Jugend Lauten, also Gitarren. Für jeden Geschmack etwas, vom flotten Marsch bis zur feierlichen Hymne, vom Kleinkind bis zum alten Bock, Schalmeienton und harter Rock.

Zum Schluss ist so ganz pauschal die Rede von „allen anderen Instrumenten". Ich weiß ja nicht, was die damals noch für Instrumente hatten in Babylon, vielleicht ein Vibrafon oder ein Sousafon oder einfach ein Megafon. Aber eins war bestimmt dabei, das ist so selbstverständlich, dass es hier gar nicht extra erwähnt werden muss, und das ist die Trommel, das Schlagzeug. Denn dazu gehören die Schlagstöcke, die sind ja bei größeren Versammlungen sehr vielseitig einsetzbar, auch außermusikalisch, und wer damit bearbeitetet wird, hört die Engel singen.

Die ganze Veranstaltung ist psychologisch meisterhaft aufgebaut. In der flachen Ebene, wie auf einem riesigen Appellplatz, steht das goldene Götzenbild glitzernd in der Sonne. Die Massen in Marschblöcken drumrum, durch Musik manipuliert – das ist raffiniert inszeniert, hier kann man lernen, wie eine Großveranstaltung aufzubauen ist.

Und wenn ich bedenke, mit welcher satanischen Meisterschaft der Hitler seine Riesenaufmärsche in Szene gesetzt hat, dann habe ich das Gefühl, der hatte den gleichen Lehrmeister wie Nebukadnezar. Für diese Vermutung habe ich noch einen weiteren Grund, und das ist der nächste Punkt.

Das war also so: Die Massen mussten anmarschieren, sich vor dem Standbild aufstellen, und dann kriegten sie erst mal eine Belehrung. Belehrung fürs Volk ist immer wichtig. Da die Dussel von selbst nicht merken, wann sie Beifall zu klatschen haben, werden die Massen instruiert, was sie zu machen und an welcher Stelle sie gefälligst spontan zu jubeln haben. „Der Regierungssprecher rief laut: Es wird euch befohlen, wenn ihr hören werdet den Schall der Posaunen, Trompeten, Harfen, Zithern, Flöten, Lauten und aller anderen Instrumente, dann sollt ihr niederfallen und das goldene Bild anbeten“ (Vers 4 und 5).

Diese Sätze mit den Instrumenten kennt ihr schon. Die kommen in dem Kapitel noch mehrmals vor. Wenn man das liest, immer die gleichen Instrumente, die gleichen Formeln, ist das entnervend, aber das ist ja gerade die Absicht: Den Massen müssen immer wieder die gleichen Parolen eingetrichtert werden, damit sie kapieren: Bei Ertönen des musikalischen Signals hat spontaner Jubel auszubrechen, und wehe dem, der nicht freiwillig mitjubelt!

Heizer der Hölle

Denn die Belehrung geht weiter: „Wer aber dann nicht niederfällt und anbetet, der soll sofort in den glühenden Ofen geworfen werden“ (Vers 6). Nebu ist also nicht nur Denkmalssetzer, der ist auch

Ofensetzer. Der hat überhaupt alles im Land setzen lassen. Was er setzen lässt, das ist Gesetz. Und wer sich widersetzt, bei dem setzt's was. Für widerspenstige Elemente, die sich an der staatlich verordneten Weihe nicht beteiligen, hat Nebu einen Ofen gesetzt. Einen Verbrennungsofen für Menschen.

Das vor 2500 Jahren. Aber ich habe das ja vorhin schon mal zitiert, was die Bibel sagt: „Es gibt nichts Neues unter der Sonne." Es ist alles schon mal dagewesen, sogar ein Verbrennungsofen für Menschen. Erinnert euch das nicht an gewisse andere Öfen? Öfen, die in Deutschland standen? Öfen, in denen Millionen von Menschen verbrannt wurden? Fällt euch nicht auf, wie sich die Bilder gleichen? Ich weiß nicht, ob und inwieweit Hitler die Bibel gekannt hat. Aber ich frage mich: Woher hatte er die teuflische Idee mit den Öfen? Steht hinter Nebukadnezar und Hitler nicht der gleiche Geist, der gleiche Herr, der Teufel?

Der Teufel herrscht dort, wo die Angst herrscht. Nebus Ofen ist der Zentraldampfkessel – abgekürzt ZK – des ganzen Landes. Von dem aus wird allen, vom obersten bis zum kleinsten Bürger, eingeheizt, Dampf gemacht. Sie heucheln Überzeugtheit und Begeisterung, aber in Wirklichkeit haben sie Angst. Die Angst vor dem Feuerofen ist die geheime Triebkraft im Reich Nebukadnezars. Dieser Herrscher weiß: Wer Angst hat, ist beherrschbar. Die Angst ist so groß, dass ihr alle zum Opfer fallen, alle. „Und es fielen nieder alle" (Vers 7). Nicht nur ein paar Höflinge und Karrieremacher, sondern alle.

Es ist leicht für uns, über die Menschen vor 2500 und vor 50 und vor 25 Jahren ein Urteil zu fällen, weil wir überhaupt nicht ermessen können, wie groß die Angst war, als in Babel und in Buchenwald die Öfen rauchten und in den Folterkellern der Stasi Tag und Nacht die Scheinwerfer glühten. Inzwischen sind bei der Stasi die Lichter ausgegangen, und die Öfen sind längst stillgelegt; Museumsstücke, grausig, aber keine Gefahr mehr. Damals waren sie lebensgefährlich. Wer nicht nach Buchenwald wollte, machte eben seine Verbeugung, stimmte in den religiösen Ruf „Heil Hitler" ein und rettete sein Leben.

Keiner von uns hat das Recht, sich überheblich über diese Menschen zu äußern. Wir sind nicht ihre Richter. Sie müssen sich vor Gott verantworten, genau wie du. Es stimmt – sie haben versagt. Sie sind schuldig geworden. Sie haben geschwiegen. Das haben wir von Martin Luther King gelernt: „Wer ein ungerechtes System untätig hinnimmt, arbeitet mit diesem System zusammen." Es war nicht der böse Hitler, der böse Nebukadnezar allein, sondern „es fielen nieder alle" (Vers 7).

Nein! Gott allein!

Aber auch wenn wir die nicht verurteilen können, die damals vor Angst umgefallen sind, dann können wir doch die verehren, die damals nicht umgefallen sind. Und die gab's ja auch. Im Nazireich waren es ein paar mutige Kommunisten, Christen und andere, die widerstanden haben, und solche aufrechte Menschen gab's auch zur Kommunistenzeit. Und heute noch sitzen allein in China Tausende in Straflagern, weil sie nicht bereit sind, sich der Tyrannei zu beugen. Wer zur Nazizeit Widerstand leistete, musste zur Strafe in den Ofen, genau wie die Juden.

Auch im Reich des Nebukadnezar gab es einige, die nicht mitmachten. Auch das waren Juden, drei junge Männer. Es sind unsere Freunde Atze, Mischa und Hansi. Der Daniel ist diesmal nicht dabei. Der ist vielleicht gerade auf einem Lehrgang oder auf Dienstreise. Aber die anderen drei sind am Ort und müssen von Gesetzes wegen auf der Demo erscheinen. Sie sind als Minister schon von Berufs wegen verpflichtet, ihre Winkelemente zu schwenken.

Aber ihre Plätze auf der Tribüne bleiben leer. So was fällt doch auf! So was kann den Posten kosten! Nichterscheinen scheint Selbstmord zu sein! Nichtmitmachen kann das Leben kosten! Aber die drei wissen: Mitmachen kann das ewige Leben kosten. Denn sie glauben an Gott. Sie kennen das erste Gebot: „Ich bin der Herr, dein Gott, du sollst keine anderen Götter haben neben mir."

Fast alle Konflikte der Gläubigen, auf alle Fälle alle Konflikte mit Weihen, hängen mit dem ersten Gebot zusammen, sind von daher zu beurteilen und zu entscheiden. Unsere drei Jugendfreunde können an der Weihe nicht teilnehmen, weil sie wissen: Der Mensch darf nur Gott allein anbeten, aber niemals ein Götzenstandbild, und wenn's noch so groß ist. Anbeten heißt: Jemanden oder etwas so verehren und ihm gehorchen, wie es nur Gott zukommt. Aber Nebu ist nicht Gott. Ihm fehlt dazu so ziemlich alles. Vor allem fehlt ihm eins: die Liebe.

Lauter leise Liebe

Gott schenkt. Gott gibt. Gott liebt. Gott ist die Liebe. Und nur was aus Liebe geschieht, will er. Deshalb kennt Gott keinen Zwang. Zwang und Liebe schließen sich aus. Gott kennt nur Freiwilligkeit. Er selber liebt uns freiwillig. Keiner zwingt ihn dazu. Keiner kann einen zwingenden Grund nennen, warum Gott uns lieben sollte. Warum sollte er? Weißt du einen Grund? Im Gegenteil! Erstens könnte Gott genauso gut ohne uns auskommen. Und zweitens haben wir Menschen ihn ständig nur enttäuscht, seine Liebe nicht erwidert, ihm weh getan, mit einem Wort: gegen ihn gesündigt.

Sünde ist nicht nur, wenn du was Böses oder Falsches machst. Sünde ist die Behauptung: „Ich brauche keinen Gott. Ich will keinen Gott. Ich komme alleine zurecht." Mit dieser Behauptung tust du Gott weh. Er ist doch dein Vater. Jedesmal, wenn du was ohne ihn tust, gibt es ihm einen Stich durchs Herz. Und obwohl du, wie alle Menschen, Gott tausendmal enttäuscht hast, hat Gott dich, wie alle Menschen, lieb. Unbeirrbar, unbeschreiblich. Und er möchte gern von dir wiedergeliebt werden. Freiwillig.

Natürlich könnte Gott seine Kraft zeigen. Könnte zeigen, dass es ihn wirklich gibt. Aber dann müssten die Menschen an ihn glauben. Es bliebe ihnen ja gar nichts anderes übrig. Aber das wäre dann nicht mehr freiwillig, keine Herzenssache, sondern bloß Einsicht in die Notwendigkeit. Deshalb bleibt Gott lieber verborgen und leise, unauffällig und unaufdringlich. Deshalb kommt er als Säugling in unsere Welt. Vor einem Säugling braucht sich niemand zu fürchten. Ein Säugling braucht nur eins: Liebe. Gott will freiwillig geliebt werden.

Und genau das kann Nebu weder mit Macht noch mit Musik noch mit Reichtum noch mit Religion erreichen. Er hat erreicht, dass sie ihn anbeten. Manche zähneknirschend, die Faust in der Tasche, sich vor sich selbst ekelnd, jedenfalls: Hunderttausende knien vor ihm im Staub. Das schafft er. Aber Liebe erzwingt er nicht. Bei Gott ist die Liebe der Motor, der unseren Glauben antreibt.

Bei Nebu ist der Motor die Angst. Wo die Angst regiert, blüht das Spitzelwesen. Die drei jungen Männer werden denunziert, auf der Stelle verhaftet und dem König vorgeführt, und der verliert sofort die Fassung. Das müsst ihr euch mal vorstellen: Da hat einer alle Macht. Der regiert über drei Millionen. Die kuschen alle. Er kann jeden verbrennen, der aufmuckt. Und da machen drei nicht mit. Ist das nicht lächerlich? Aber Diktatoren haben keinen Humor. Nebu lacht nicht. Der tobt. Der tobt sofort los: „Was? Ihr wollt meinen Gott nicht anbeten? Dann schmeiß ich euch in den Ofen, und dann woll'n wir doch mal seh'n, was das für ein Gott sein soll, der euch aus meiner Hand retten könnte" (Vers 14 und 15).

Die drei jungen Männer fangen jetzt nicht an, mit Nebu über Gott zu diskutieren. Es gibt einen Moment, wo jede Diskussion aufhört, wo man alle Argumente beiseitelassen muss, wo man nur noch die Wahrheit bekennen kann. Das ist meistens der Punkt, wo der Kampf für die Wahrheit übergeht in das Leiden für die Wahrheit. Dieser Punkt ist jetzt für die drei gekommen. Und deshalb legen sie vor dem König, der sie zur Diskussion herausgefordert hat, ein klares Bekenntnis ab und sagen: „Es ist nicht nötig, dass wir dir darauf antworten. Wenn unser Gott, den wir verehren, will, dann kann er uns erretten. Und wenn er's nicht will, dann sollst du trotzdem wissen, dass wir deinen Gott nicht ehren und das goldene Bild, das du hast aufrichten lassen, nicht anbeten wollen" (Vers 16-19).

So was hat Nebu noch keiner gesagt. Das hat noch keiner gewagt. Da sind drei, die machen nicht mit. Das sind nicht drei Supermänner, sondern das sind drei Männer, die Gott gehören, gehorchen, ihn lieben. „Furcht ist nicht in der Liebe", sagt die Bibel (1. Johannes 2,17). Drei beten das Bild nicht an. Drei geben ihre Seelen nicht her. Drei kennen jemanden, der größer ist als Nebu und sein 30 Meter hohes Standbild. Drei haben keine Angst. Und wer keine Angst hat, ist nicht beherrschbar.

Hier ist die Macht des Nebukadnezar zu Ende. Und weil er das merkt, schnappt er vollkommen über. So wie der dicke Göring in Leipzig anfing, unflätig zu brüllen, als ihm der Kommunist Georgi Dimitroff im Reichstagsbrandprozess standhaft die Wahrheit sagte, so verzerrt sich jetzt das Gesicht Nebus. Er verliert Gesicht und Nerven. Er kriegt einen Tobsuchtsanfall. Und in seiner Wut erlässt er einen Befehl, der in seiner Maßlosigkeit schon wieder lächerlich ist: Der Ofen muss noch siebenmal heißer gemacht werden, als er sowieso schon ist. Und dann müssen die drei auf der Stelle, so wie sie sind, in Hut und Mantel, ins Feuer. Die ersten, die in den Ofen müssen, sind Juden.

Feuerfest – Freudenfest

Was jetzt kommt, kann ich euch nicht erklären, Nebu kann sich's auch nicht erklären. Denn als er durchs Guckloch in den Ofen sieht, da sieht er, dass die drei Männer nicht brennen, sondern feuerfrei im Ofen rumrennen. Die Exekution wird abgebrochen, eine Kommission zur Untersuchung des Falles wird eingesetzt. Die drei werden wieder rausgeholt, und es wird festgestellt, „dass das Feuer den Leibern dieser Männer nichts hatte anhaben können und ihr Haupthaar nicht versengt und ihre Mäntel nicht versehrt waren; ja, man konnte keinen Brand an ihnen riechen" (Vers 27).

Jetzt ist beim Nebu der Ofen aus. Er steht vor einem Rätsel. Er weiß ja nicht, dass der lebendige Gott in der Bibel die Verheißung gegeben hat: „Wenn du durchs Feuer gehst, sollst du nicht verbrennen, und die Flamme soll dich nicht versengen, denn ich bin der Herr, dein Gott" (Jesaja 43,2). Nebu muss erkennen, dass er es hier nicht einfach mit drei Männlein zu tun hat, sondern dass da noch ein anderer seine Hand im Spiel hat. Denn als er in den Ofen guckte, da sah er nicht nur die drei jungen Männer, sondern vier, und er ruft erstaunt: „Haben wir nicht drei Männer ins Feuer geworfen? Ich sehe aber vier Männer frei im Feuer umhergehen, und sie sind unversehrt. Und der vierte ist gleich, als wäre er ein Sohn der Götter" (Vers 24 und 25).

Wer dieser vierte Mann war, werden wir erst erfahren, wenn wir in Gottes Reich sind. Aber ich denke: Dieser vierte Mann ist nicht nur, wie Nebu vermutet, „ein Sohn der Götter“, sondern das ist der Sohn Gottes, das ist Jesus, der einmal gesagt hat: „Wo zwei oder drei zusammen sind in meinem Namen, da bin ich mitten unter ihnen“ (Matthäus 18,20).

Wir sind hier zusammen im Namen von Jesus. Also ist er jetzt auch hier mitten unter uns. Wenn jetzt der Teufel zum Kirchenfenster reinguckt wie der Nebu durch die Ofenklappe, da sieht er nicht bloß euch hier sitzen, sondern auch Jesus. Der sitzt da genau zwischen euch. Denn Jesus ist nicht nur vor 2000 Jahren runtergekommen in den Feuerofen dieser Welt, sondern er ist auch runtergestiegen in das Reich des Todes und am dritten Tag auferstanden von den Toten und lebt.

Und das ist für mich der Punkt, wo ich aufhöre zu diskutieren und zu argumentieren, denn dafür habe ich keine Beweise. Franz Werfel sagt mit Recht: „Für diejenigen, die an Gott glauben, ist keine Erklärung notwendig. Für diejenigen, die nicht an Gott glauben, ist keine Erklärung möglich.“ Die Wahrheit, dass Jesus lebt, ist nicht erklärbar. Aber sie ist erfahrbar. Du erfährst sie in dem Augenblick, wenn du tust, was Jesus sagt: „Wenn ihr meinem Wort gehorcht, dann werdet ihr die Wahrheit erkennen, und die Wahrheit wird euch frei machen“ (Johannes 8,32). Zum Beispiel von der Angst, wenn du durch das Feuer der Kritik musst. Wenn dich der glühende Hass trifft. Wenn dir deine Schuld auf der Seele brennt. Jesus ist die Wahrheit. Bei ihm findest du die Freiheit und den Frieden.

Ein Traum von einem Baum

DANIEL 4

Es gibt viele Sprüche und Redensarten, bei denen keiner so richtig weiß, wo sie eigentlich herkommen. Zum Beispiel: „Wer anderen eine Grube gräbt, ist selber Bauarbeiter." Oder: „Wir sind zu allem fähig, aber zu nichts zu gebrauchen." Oder: „Wer heute den Kopf in den Sand steckt, knirscht morgen mit den Zähnen." Oder: „Freiheit für alle – fort mit der Schwerkraft." Oder: „Die Schweine von heute sind die Koteletts von morgen."

In unserer Sprache gibt es aber auch massenhaft Redewendungen, Redensarten und Sprichwörter, bei denen wir ganz genau wissen, wo sie herstammen, nämlich aus der Bibel. Wenn es zum Beispiel jemand zu weit treibt, er hochmütig ist und man vermutet, dass es mit ihm kein gutes Ende nehmen wird, dann sagen die Leute: „Es ist schon dafür gesorgt, dass die Bäume nicht in den Himmel wachsen." Diese Redewendung kommt aus Daniel 4.

Die handelnden Personen sind euch schon bekannt: Erstens Nebukadnezar, der König von Babel, ein arroganter, gottloser Träumer. Zweitens Daniel, Ministerpräsident von Babel, ein demütiger, gottesfürchtiger Traumdeuter. Und drittens Gott, der Herr dieser traumhaft schönen Welt und der Weltgeschichte.

Nebu und Danni agieren im Vordergrund. Gott hält sich mehr im Hintergrund hinter den Kulissen und funkt manchmal von dort aus kräftig dazwischen.

Am Anfang funkt er allerdings noch nicht, da funkeln bloß die Sterne. Es ist Stille, Funkstille, stille Nacht. Nebu hat das Licht aus- und die Augen zugemacht und liegt in seiner Heia. Auf seinem Nachttisch liegt seine schwere Krone, in seinem Magen liegt schwer sein Abendbrot. Hat der alte Schlemmer doch wieder zu viel Kaviar gelöffelt und zu viel Wein geschluckt. Nachdem er sich ein paarmal rumgedreht hat, liegt er endlich ganz entspannt, oder, wie wir im Deutschen sagen, relaxed in seinem Körbchen. Und da träumt er.

Schlaf in Ruh, Klappe zu

„Es stand ein Baum in der Mitte der Erde, der war sehr hoch. Und er wurde groß und mächtig, und seine Höhe reichte bis an den Himmel, und er war zu sehen bis ans Ende der Erde. Sein Laub war dicht und seine Frucht reichlich, und er gab Nahrung für alle. Alle Tiere des Feldes fanden Schatten unter ihm, und die Vögel des Himmels saßen auf seinen Ästen, und alles, was lebte, nährte sich von ihm" (Vers 7-9).

Das ist ein echt schöner Traum! Man sollte gar nicht meinen, dass Leute wie Nebu so entzückend träumen können! Wir denken immer, solche Machtmenschen und Tyrannen träumen immer bloß von brutaler Gewalt, aber das ist ein gewaltiger Irrtum. Macho Nebu hat eine romantische Ader und schwebt auf dem absoluten Öko-Trip: Von einem Baum träumt er, und dieser Baum ist er natürlich selber. Also nicht wie die Puhdys[4]: „Alt wie ein Baum möchte ich werden“, sondern: „Groß wie ein Baum möchte ich werden“. Groß bis an den Himmel. Sichtbar bis ans Ende der Erde, und unter seinen famosen Fittichen Futter für alle. Einfach herrlich!

Nebu sieht sich in der Rolle des baumstarken Landesvaters, seine Untertanen sind seine lieben Kinderchen, denen er für Nahrung, Kleidung und Obdach sorgt, für Schutz vor inneren und äußeren Feinden. Und er möchte in seinem großen, väterlichen Herrscherherzen Raum für alle Kinder haben, der Gute. Ich hör ihn geradezu reden, wie er sagt: „Ich liebe euch doch alle.“

Also ehrlich, das ist wirklich ein schöner Traum! Schöner kann überhaupt kein Staatsmann träumen. Dieser Traum von einem Staatsmann zeigt uns, dass der Nebu ein Traum von einem Staatsmann ist. Denn auch für den Untertanen wäre dieser Traum, an höchster Stelle geträumt, höchst angenehm. Ein Staat, der groß und stark ist, ein Vaterland, das zunimmt an Wachstum, Wohlstand und Sicherheit – für so ein Ideal könnte man sich als braver Bürger sozusagen quasi geradezu begeistern lassen. Wir träumen doch alle von einem Wachstumsstaat, wo der Lebensstandard ständig steigt und die Preise sinken und alles immer besser, billiger, schneller und leichter wird. Wir wollen doch alle einen Sicherheitsstaat, wo jeder Bürger in Sicherheit leben kann.

---

4 Die Puhdys zählten zu den bekanntesten Rockbands der DDR.

Natürlich nicht so, wie das der Hanns Cibulka in seinem Buch „Das Buch Ruth“ schreibt: „Weißt du, was ich befürchte? Wenn eines Tages unser Staat seine Einflusssphäre so weit ausbaut, dass nicht einmal mehr ein Spatz vom Himmel fällt ohne sein Wissen“ (S. 99). Also, so viel Sicherheit, jedenfalls so viel Staatssicherheit, wollen wir nun auch wieder nicht. Sondern wir wollen Sicherheit in dem Sinne, dass Arbeitsplatz und Zukunft, sprich Rente, gesichert sind. Wir verlangen doch alle einen Wohlfahrtsstaat, der uns soziale Sicherheit garantiert, der uns auch in Krankheit und Alter versorgt, der für unser persönliches Wohlbefinden direkt verantwortlich ist, und da fangen wir ja schon selber an zu träumen.

Nebukadnezars Traum ist unser Traum. Uns allen sozusagen aus dem Herzen geträumt, egal, ob unser Herz grün, weißblau kariert oder rot ist, links oder rechts schlägt. In diesem Traum kommt ans Oberbewusstsein, was bei uns allen im Unterbewusstsein schlummert. Und wir haben ihn geträumt bis zum Wahnsinn, diesen Traum vom Baum, dessen Krone bis zum Himmel und dessen Äste bis zum Ende der Erde reichen.

Das war doch der Traum unseres deutschen Volkes, das nach der arroganten Maxime lebte: „Am deutschen Wesen soll die Welt genesen.“ Das war doch die Melodie, nach der die Deutschen zwölf Jahre lang durch die Welt marschiert sind und die sie wie die Kaputten gegrölt haben, bis sie Deutschland schließlich kaputt hatten: „Heute gehört uns Deutschland, und morgen die ganze Welt.“ In Deutschland war dieser Traum 1945 ausgeträumt, aber in manchen Betten und Kabinetten unserer Erde spuken solche Träume immer noch. Täuschen wir uns nicht: Die Ruhe, die wir zurzeit genießen, hat auch eine gefährliche Seite.

Keine Küsse für Luftikusse

Unser Kapitel fängt an mit den aufschlussreichen Worten: „Ich, Nebukadnezar, hatte Ruhe in meinem Hause und lebte zufrieden in meiner Burg" (Vers 1). Aus der guten Ruhe heraus ist dieser Traum aufgestiegen. Das war's, was uns der Fortschritt versprochen hat und immer wieder verspricht: eine Burg, in der man als ruhiger und zufriedener, als unheimlich ruhiger und unheimlich zufriedener Bürger sein Dasein verbringen kann. Eine Burg, in der man sich so sicher fühlt, dass man nicht mehr ums tägliche Brot bitten muss. Eine Burg, in der der Mensch alles und Gott gar nichts zu sagen hat. Das war unser Traum! Das war Nebukadnezars Traum.

Aber das war erst die erste Hälfte. Jetzt geht's weiter. Jetzt kommt das, was Nebu so erschreckt hat, dass er aus dem Bett fährt und von Daniel wissen will, was das zu bedeuten hat. Der Traum geht weiter: „Ein heiliger Wächter fuhr vom Himmel herab. Der rief laut und sprach: Haut den Baum um und schlagt ihm die Äste weg, streift ihm das Laub ab und zerstreut seine Frucht ... Doch lasst den Stock mit seinen Wurzeln in der Erde bleiben; er soll in eisernen und ehernen Ketten auf dem Felde im Grase und unter dem Tau des Himmels liegen und nass werden und soll sein Teil haben mit den Tieren am Gras auf der Erde. Und das menschliche Herz soll von ihm genommen und ein tierisches Herz ihm gegeben werden, und sieben Zeiten sollen über ihn hingehen. Dies ist im Rat der Wächter beschlossen und ist Gebot der Heiligen, damit die Lebenden erkennen, dass der Höchste Gewalt hat über die Königreiche der Menschen und sie geben kann, wem er will, und einen Niedrigen darüber setzen“ (Vers 10-14).

Daniel hat von Gott die Fähigkeit erhalten, Träume zu deuten. Er sieht sofort, was hier los ist, aber er traut sich nicht gleich, mit der Sprache rauszurücken. Es ist ja schließlich keine Kleinigkeit, wenn man seinem König sagen muss, dass er erledigt ist. Wer so was macht, läuft Gefahr, selber erledigt zu werden.

Aber darauf kann ein Bote Gottes keine Rücksicht nehmen. Er muss sagen, was Gott von ihm verlangt, und wenn ihm die Leute dafür den Kopf abreißen. Deshalb reißt sich Daniel zusammen und sagt zum König: „Der Baum, den du gesehen hast ... das bist du. Und das andere bedeutet: Man wird dich aus der Gemeinschaft der Menschen verstoßen, und du musst bei den Tieren des Feldes bleiben, und man wird dich Gras fressen lassen wie die Rinder, und du wirst unter dem Tau des Himmels liegen und nass werden, und sieben Zeiten werden über dich hingehen, bis du erkennst, dass der Höchste Gewalt hat über die Königreiche“ (Vers 17-22).

Seht ihr, von hier kommt die Redewendung: „Es ist schon dafür gesorgt, dass die Bäume nicht in den Himmel wachsen.“ Es ist schon von Gott dafür gesorgt, dass die Überheblichkeit des Menschen nicht bis in das Unendliche wächst. Gott passt auf, dass die

Arroganzballons nicht zu hoch steigen, sondern eines Tages zerplatzen wie eine Seifenblase. Und nachdem wir in unserer Generation 1945 schon einmal das Gericht Gottes über Deutschland erlebt haben, haben wir dann noch ein zweites Mal mit eigenen Augen gesehen, wie die DDR, dieser Arroganzballon der deutschen Geschichte, wie eine Seifenblase zerplatzt ist. Gott schickt immer wieder seine Boten, die die Menschen auf das Gericht aufmerksam machen. So ein Bote war Daniel. So ein Bote ist jeder Prediger. So ein Bote bin ich.

Gericht und kein Gerücht

Seit es diesen Jugendgottesdienst gibt, habe ich euch darauf aufmerksam gemacht, dass es ein Jüngstes Gericht gibt. Ihr müsst noch einmal vor Gott Rechenschaft geben über euer ganzes Leben. Die Bibel sagt: „Es ist dem Menschen bestimmt, einmal zu sterben, danach aber das Gericht" (Hebräer 9,27).

Es ist nicht egal, was du glaubst und wie du lebst. Sondern was du glaubst und wie du lebst, entscheidet über dein ewiges Schicksal. Vor dir liegt nicht nur dein Leben. Vor dir liegt nicht nur dein Sterben. Vor dir liegt auch deine Ewigkeit. Vergiss das nicht! Entweder du verbringst sie mit Gott, das ist der Himmel. Oder du verbringst sie ohne Gott, das ist die Hölle. Du musst entscheiden, ob du weiter nach deinem Kopf oder nach dem Willen Gottes leben willst. Ob du dich weiter hochmütig über Gottes Gesetze wegsetzen oder ihm demütig gehorchen willst.

Und ich muss dir sagen: Wenn du Gott nicht die Ehre gibst, verfällst du dem Gericht Gottes und kommst in die Hölle.

Daniel hat damals aber nicht nur das Gericht, sondern auch die Gnade Gottes gepredigt: „Wenn aber gesagt wurde, man solle dennoch den Stock des Baumes mit seinen Wurzeln übriglassen, das bedeutet: Dein Königreich soll dir erhalten bleiben, sobald du erkannt hast, dass der Himmel die Gewalt hat" (Vers 23).

Es gibt also noch eine Hoffnung. Seit es diesen Jugendgottesdienst gibt, predige ich euch auch die Gnade Gottes. Gott ist nicht daran interessiert, dass du in die Hölle kommst. In der Bibel steht seine Willenserklärung: „Gott will, dass alle Menschen gerettet werden" (1. Timotheus 2,4). Er will dich retten vor der Verdammnis. Deshalb hat er einen Retter geschickt, seinen Sohn Jesus.

Du weißt: Jesus ist am Kreuz gestorben wie ein Verbrecher. Aber nicht er hat was verbrochen, sondern du hast was verbrochen. Du hast Gottes Gebot gebrochen. Du hast gesündigt. Du hast Strafe verdient. Diese Strafe hat Jesus auf sich genommen, an deiner Stelle. Für dich. Am Kreuz abgebüßt, abgezahlt. Deine Schuld ist abgehakt, geschenkt! Und wenn du das Geschenk der Vergebung annimmst, wird Gott dich im Gericht nicht mehr verurteilen.

Es kommt also alles darauf an, dass du die Vergebung annimmst, dass du Jesus als Retter annimmst. Sobald du erkennst, dass es einen Gott im Himmel gibt, dass du vor diesem Gott schuldig bist; sobald du anerkennst, dass Jesus für deine Schuld bezahlt hat, kommt dein Leben in Ordnung. So sagt es Daniel dem Nebukadnezar. Dein Leben kommt wieder in Ordnung, „sobald du erkannt hast, dass der Himmel die Gewalt hat“ (Vers 23).

Zum Glück zurück

Nebu soll seinen stolzen Traum aufgeben, er wäre der King; seine Illusion, er wäre der Boss. Er soll endlich die Wirklichkeit anerkennen, die Realität. Und die sieht so aus: Gott ist oben, der Mensch ist unten. Gott setzt die Maßstäbe, du sollst dich danach richten. Gott gibt das Leben, du sollst die Ehre geben. Das ist die Botschaft, die Daniel dem Nebukadnezar auszurichten hat. Und nachdem er seinen Auftrag erledigt hat, hängt er noch eine persönliche, eine seelsorgerliche Bemerkung dran: „Darum, mein König, lass dir meinen Rat gefallen und mache dich los von deinen Sünden ... so wird es dir wohlergehen“ (Vers 24).

Den gleichen Rat möchte ich dir auch geben: Mach dich los, sag dich los von deinen Sünden, dann wird dein Leben gelingen. Hör doch endlich auf, die Gebote Gottes zu übertreten und seinen Willen mit Füßen zu treten. In der Bibel steht: „Es ist dir gesagt, Mensch, was gut ist und was der Herr von dir fordert, nämlich Gottes Wort halten und Liebe üben und demütig sein vor deinem Gott“ (Micha 6,8).

Ob du Christ bist oder nicht, du weißt ganz genau, was Gott von dir will. Zum Beispiel: Du sollst nicht lügen. Du sollst nicht stehlen. Du sollst nicht töten. Du sollst nicht ehebrechen. Es ist die größte Illusion des Menschen, wenn er denkt, er könnte glücklich werden ohne Gott. Bilde dir doch nicht ein, du könntest glücklich werden, solange du auch nur gegen ein einziges Gebot sündigst.

Sünde macht manchmal Spaß, aber sie macht niemals froh. Sie macht dein Verhältnis zu Gott kaputt. Sie macht dein Verhältnis zu deinen Mitmenschen kaputt. Sie macht dich selber kaputt, dein gutes Gewissen, deine Gesundheit, deinen inneren Frieden. Sie ist der Krebsschaden deines Lebens. Und du irrst dich, wenn du denkst, das Glück liegt jenseits der Zehn Gebote.

Wo sind sie denn, die Menschen, die ohne Gott glücklich sind? Sieh dir doch mal die Gesichter der Menschen an. Wage es doch mal, der Wahrheit ins Gesicht zu sehn, dein Leben im Spiegel von Gottes Geboten zu sehn! Bist du denn glücklich mit den Lügen, mit denen du dich durchschummelst in deiner Klasse, deiner Firma, deiner Ehe? Bist du denn wirklich so glücklich in deinem Ehebruch? Ich hab schon massenhaft Menschen kennengelernt, die im Ehebruch leben, die die große Freiheit und Toleranz propagieren und das Fremdgehen nicht so verbissen sehen. Aber ich habe noch keinen kennengelernt, der dabei glücklich geworden ist.

Billy Graham hat mal gesagt: „Ich habe auf meinen Reisen in der ganzen Welt nach glücklichen und zufriedenen Menschen gesucht. Gefunden habe ich sie nur da, wo man Jesus Christus persönlich und entschieden angenommen hatte." Ich bin zwar nicht so weit rumgekommen wie der Onkel Bill, aber ich bin in meinem Leben zu der gleichen Erfahrung gekommen. Die glücklichsten Menschen, die ich kenne, sind Christen, bekehrte, für Jesus entschiedene Christen. Nicht etwa, dass die keine Probleme hätten oder dass es denen nur gut ginge. Überhaupt nicht. Aber die gehen mit Jesus, deshalb sind sie glücklich. Und deswegen rat ich dir erstens: Mach dich los von deinen Sünden. Bekenne Gott deine Schuld. Trenne dich von deinem falschen Leben! Kehr um von deinem falschen Weg! Bekehre dich!

Und ich rate dir zweitens: Verschiebe deine Bekehrung nicht auf morgen, sondern komm heute zu Gott. Das ist ein fauler Trick des Teufels, dir einzureden, du könntest damit noch warten, du müsstest da erst noch drüber nachdenken, du solltest nichts überstürzen, es muss ja nicht gleich heute sein. Doch! Wann denn sonst?

Als der Teufel dich damals zur Sünde verführte, hatte er es eiliger. Da konntest du gar nicht schnell genug ins fremde Bett stürzen. Du hast keine Sekunde gezögert, um dich mit einer Lüge rauszureden. Da hast du keinen Moment nachgedacht, als du über einen anderen was Schlechtes erzählt hast. Wenn's darum geht, zu sündigen, da wird nicht lange überlegt. Wenn's darum geht, eine Lüge zu sagen, eine Dummheit zu machen, einen drauf zu machen, bei einer Käthe einzusteigen – da wird nicht lange gezögert. Aber wenn's darum geht, nicht mehr zu sündigen, mit der Sünde aufzuhören, sich zu bekehren, da wird gezögert, gezaudert, überlegt, diskutiert.

Der Oberboss wird zum Riesenross

Wenn du heute erkannt hast, dass du vor Gott schuldig bist, dann komm heute zu Gott. Dann lass diesen Tag nicht zu Ende gehen, ohne dein Leben in Ordnung gebracht zu haben.

Ich rechne damit, dass einige von euch den Rat annehmen: Mach dich los von deinen Sünden! Noch heute wirst du vom Druck deiner Schuld erlöst und kannst endlich mal wieder deinen Mitmenschen grade ins Gesicht sehen und mit einem ruhigen Gewissen einschlafen.

Ich rechne aber auch damit, dass viele von euch den Rat nicht annehmen. Noch heute Abend lügst du wieder deinen Eltern ins Gesicht, wenn du spät nach Hause kommst, der Theo hätte so lange gepredigt, dabei liegt's nicht am Theo, sondern an der Disko, in der du dich noch rumgedrückt hast. Noch heute Abend gehst du mit einem Menschen ins Bett, mit dem du nicht verheiratet bist. Und du lebst weiter, als wärst du nicht in diesem Gottesdienst gewesen, als wäre überhaupt nichts gewesen, als hättest du nichts gehört, als hätte ich dir nicht geraten: Mach dich los von deinen Sünden.

So war's bei Nebukadnezar. Der dachte überhaupt nicht daran, Daniels Rat zu befolgen. „Was heißt hier Sünde? Ich soll mich ändern? Mich bekehren? Gott die Ehre geben? Frommes Gesülze." Von wegen: „Mach dich los von deinen Sünden." Im Gegenteil. Jetzt macht der Nebu noch einen drauf. Jetzt haut er erst recht auf die Pauke, und er ist auch überzeugt, dass Daniels Traumdeutung falsch war und seine

Gerichtsandrohung leeres Gespinne, denn es passiert gar nichts. Nebu lebt fröhlich weiter in seinem Größenwahn, er wäre der Größte. Und Gott lässt ihn leben. Tag um Tag, Woche um Woche, ein ganzes Jahr lang.

Gott hat Geduld. Und wenn er sein angekündigtes Gericht aufschiebt, dann nur aus Gnade, um uns die Chance zur Umkehr zu geben. Aber eines Tages ist die Gnadenzeit zu Ende und Gott macht seine Gerichtsandrohung wahr.

Eines Tages steht Nebu auf dem Dach seines Palastes und betrachtet von dort oben wohlgefällig die Stadt Babel, und er spricht: „Das ist das große Babel, das ich erbaut habe zur Königsstadt durch meine große Macht zu Ehren meiner Herrlichkeit. Ehe noch der König ausgeredet hatte, kam eine Stimme vom Himmel: Dir, König Nebukadnezar, wird gesagt: Dein Königreich ist dir genommen, man wird dich aus der Gemeinschaft der Menschen verstoßen und du sollst bei den Tieren des Feldes bleiben ... Im gleichen Augenblick wurde das Wort erfüllt an Nebukadnezar, und er wurde verstoßen aus der Gemeinschaft der Menschen, und er fraß Gras wie die Rinder, und sein Leib lag unter dem Tau des Himmels, bis sein Haar wuchs so groß wie Adlerfedern und seine Nägel wie Vogelklauen wurden" (Vers 27-30).

Mit anderen Worten: Nebu ist in seiner Überheblichkeit übergeschnappt, in seinem Größenwahn wahnsinnig geworden. Er hat den Verstand verloren, und es war damals genauso wie heute: Wer verrückt wird, wird ins Irrenhaus gesteckt, jedenfalls raus aus der menschlichen Gesellschaft. Nebu wird ausgeschlossen, denn er benimmt sich wie ein Tier, kriecht auf allen Vieren, frisst wie ein Vieh. Er ist ein trauriges Beispiel für die Wahrheit des Satzes: „Ohne Divinität wird die Humanität zur Bestialität." Das heißt auf Deutsch: Ohne Gott wird der Mensch zum Vieh. Es ist traurig, wie tief ein Mensch sinken kann. Es ist schrecklich, wie hart mancher gedemütigt werden muss, bis er Buße tut. Es ist herrlich, wenn ein gefallener Sünder sich bekehrt, und das wird uns zum Schluss noch geschildert.

Der Rinderwahn hat gutgetan

Es steht ja in der Bibel, dass Gott nicht den Tod des Sünders will, sondern dass der sich bekehrt und lebt. Gott will auch Nebukadnezar nicht vernichten. Er will ihn retten. Und bei manchen Menschen scheint das nicht anders zu gehen, als dass sie erst mal ganz runter müssen. Nebu muss ganz runter von seinem Thron. Und das musst du eben auch erst mal. Du bist zwar kein König über ein Land, aber du benimmst dich wie der King über dein Leben. Du denkst, du könntest alles allein bestimmen und brauchtest Gott nicht zu gehorchen. Pass auf, dass es dir nicht demnächst so geht wie dem Nebu. Der stürzt total ab, landet ganz unten, lebt viele Jahre lang mit dem Gesicht niedergedrückt zur Erde. Die Wende tritt ein, als er sein Gesicht aufhebt zum Himmel, also als er endlich Gott als den Höchsten über sich anerkennt. „Da hob ich, Nebukadnezar, meine Augen auf zum Himmel, und mein Verstand kam mir wieder, und ich lobte den Höchsten“ (Vers 31). Der Mann kommt zu Verstand in dem Moment, als er an Gott glaubt. Der Glaube hat ihn wieder vernünftig gemacht.

Glaube an Gott ist das Vernünftigste, was es gibt. Vernünftig ist der Mensch, wenn er die Realität realistisch sieht. Und die Wirklichkeit ist: Gott ist oben, und alles ist von ihm abhängig. So ist die Welt in Ordnung. Wenn aber der Mensch oben ist und seine Maßstäbe einsetzt, wird die Welt im wahrsten Sinne des Wortes ver-rückt. Deshalb hat Pater Brown klugerweise bemerkt: „Das Erste, was ihr verliert, wenn ihr nicht mehr an Gott glaubt, ist euer gesunder Menschenverstand.“

Seit Nebu ein richtiges Verhältnis zur höchsten Macht hat, ist er nicht mehr verrückt. Seitdem ist sein Weltbild, seine Welt, sein Leben in Ordnung. Er wird wieder Mensch, er wird wieder als König eingesetzt, und er kann jetzt sagen: „Darum lobe, ehre und preise ich, Nebukadnezar, den König des Himmels; denn all sein Tun ist Wahrheit, und seine Wege sind recht, und wer stolz ist, den kann er demütigen“ (Vers 34).

Ich habe euch in den letzten Gottesdiensten viel Negatives über Nebu erzählt, und er war ja auch wirklich ein gefährliches Ekel. Umso mehr freue ich mich, dass ich euch heute sagen konnte, dass der olle Nebu sich bekehrt hat. Wenn dieses alte Tyrannenherz sich schließlich doch noch für Gott geöffnet hat, besteht auch noch Hoffnung für dich! Gott hat nicht nur dafür gesorgt, dass Bäume nicht in den Himmel wachsen. Gott hat auch dafür gesorgt, dass jeder Umgefallene, wenn er zum Himmel aufsieht, wieder leben kann.

Alles Paletti bis zum Graffiti

DANIEL 5

Kaum ist ein Haus renoviert oder eine Wand neu gestrichen, kommt einer mit der Sprühpistole und versaut alles mit irgendwelchem Gekrakel. Fassungslos steht der Hausbesitzer davor, und das Blödeste an der Sache ist: Er kann die Zeichen nicht entziffern. Da steht eine Botschaft, aber keiner weiß, was sie bedeutet.

Diese Methode, Sprüche an die Wand zu schreiben, geheimnisvolle Zeichen, ist keine Erfindung der Neuzeit. Die ist uralt. Und wenn wir auch nicht wissen, wer die Leute sind, die heute ihre unverständlichen Zeichen an die Wände pinseln – wir wissen jedenfalls, wer der Erste war, der so was gemacht hat, und das war Gott. Der ist der Erfinder der Sprühparole.

Der Bericht über die erste Sprühparole der Welt steht im Buch Daniel, Kapitel 5. Am Anfang dieses Kapitels ist Daniel gar nicht da. Nicht mehr da. Er ist abgesägt, abgeschossen, vor die Tür geflogen. Auf dem Ministerposten, für den er kostspielig ausgebildet worden war, saß ein Neuer, weil auf dem Thron von Babel ein neuer König saß, und dieser Neue war eine Pfeife. Man sagt zwar: „Der Apfel fällt nicht weit vom Stamm", aber das stimmt nicht immer. Manchmal haben die größten Männer die größten Nieten als Söhne. So war's bei Nebukadnezar. Was der in 43-jähriger Aufbauarbeit geleistet hat, zerfällt in kurzer Zeit unter den Händen seiner Nachfolger.

Nebukadnezar hatte ein Weltreich geschaffen, das erste Weltreich überhaupt. Und nachdem er seine Macht nach außen befestigt hatte, widmete er sich innenpolitisch dem Ausbau seiner königlichen Residenz Babel, das er zur glänzendsten Stadt der damaligen Welt machte. Zum Beispiel baute er seinen Göttern einen Riesentempel mit acht Stockwerken, und seiner Frau legte er ein schmuckes Gärtchen mit Springbrunnen und allen Finessen an, eine gewaltige Terrassenanlage, die als „Die hängenden Gärten der Semiramis" zu den sieben Weltwundern zählt.

Nebu baute ein Weltreich, ein Weltwunder, aber auch viel Mist. Er war ein großer Bauherr, ein großer Feldherr, ein großer Sünder und vor allem ein Größenwahnsinniger. Aber er hat zum Schluss das Größte vollbracht, was ein Mann überhaupt tun kann: Er hat Buße getan. Er hat zugegeben, dass er nicht der Größte ist, sondern Gott, und hat Gott die Ehre gegeben. Nebukadnezar war in jeder Hinsicht ein Mann von Format, aber sein Sohn Belsazar war nur eine Pfeife.

Oberpfeife mit Dünnpfiff

Woran erkennt man eine Regierungspfeife? Ganz einfach: So jemand schickt seine besten Leute in die Wüste, wenn sie nicht nach seiner Pfeife tanzen, wenn sie die falsche Weltanschauung haben. Belsazar hat auf Daniel gepfiffen, weil er ideologisch mit ihm nicht ins gleiche Horn stieß. Daniel gehörte einfach zur falschen Partei. Er glaubte an Gott, den einen, einzigen, den Gott der Bibel. Und Belsazar und seine Leute glaubten an viele Götter, und zwar „an die goldenen, silbernen, ehernen, eisernen, hölzernen und steinernen Götter" (Vers 4).

Diese goldenen, silbernen, ehernen, eisernen, hölzernen, steinernen Götter sind sehr bequem. Man kann sie sehen, aber man kann von ihnen nicht gesehen werden. Haben ja keine Augen – höchstens mal ein Holzauge. Demgegenüber ist der Gott der Bibel sehr unbequem: Man kann ihn nicht sehen, aber er sieht jeden. Ein Bürger, der mit so einer unsichtbaren Größe rechnet, ist politisch natürlich ein Unsicherheitsfaktor. Muss aus Sicherheitsgründen aus dem Staatsdienst entfernt werden. Und so fliegt Daniel vor die Tür – pfeif auf seine Ausbildung, seine Fähigkeiten, seine Verdienste. Der glaubt nicht an die goldenen, silbernen, ehernen, eisernen, hölzernen und steinernen Götter, also muss er dran glauben.

Als Belsazar den Daniel gefeuert hat, bläst er volles Rohr aus allen Löchern, es wird aber nur ein Pfeifen auf dem letzten Loch. Denn das Einzige, was er zustande bringt: Er baut eine Riesenkneipe. Die einzige Tat, die die Geschichte von ihm überliefert, ist dieser überdimensionale Saufstall: 17 Meter breit, 52 Meter lang, Platz für mehr als tausend Mann. Ehrlich, die Maßangabe ist exakt. Man hat dieses babylonische Bierstübchen Belsazars ausgebuddelt, die Wände heller Gipsverputz. Man kann sich vorstellen, dass da drin einiges an Alkohol verputzt worden ist.

Dieser Saufpalast ist, wie gesagt, das Einzige, was Belsazar der Nachwelt hinterlassen hat. Und die

Geschichte hätte diesen Mann vergessen, wenn er nicht in der Bibel erwähnt würde und wenn Heinrich Heine nicht ein Gedicht über ihn gemacht hätte, eine der großen Balladen der deutschen Literatur, die früher jedes Schulkind auswendig gelernt hat:

Belsazar

Die Mitternacht zog näher schon;
in stummer Ruh' lag Babylon.
Nur oben, in des Königs Schloss,
da flackert's, da lärmt des Königs Tross.
Dort oben in dem Königssaal
Belsazar hielt sein Königsmahl.

Nie gehört, was? Ich hab das mal modernisiert, vielleicht gefällt es euch da besser:

Nobelsaftbar

Die Mitternacht zog bald davon,
in stummer Ruh lag Chemnitz schon.
Nur oben im Hotel Mercure
Da flackert's, da feiert die Haute Couture.
Dort oben in der Jalta-Bar
viel Volk mit sehr viel Bargeld war ...

Also, Belsazar baut eine Supertränke für sich und seine Ochsen, das ist seine ganze Leistung, mehr ist nicht und deshalb ist er eine Null. Aber wenn eine Null die Macht hat, wird's gefährlich. Zunächst fängt die Sache aber, wie jede Fete, erst mal ganz harmlos an. „König Belsazar machte ein herrliches Mahl für seine tausend Mächtigen“ (Vers 1). Gott hat nichts gegen ein herrliches Mahl. Im Gegenteil, Jesus beschreibt das Reich Gottes mit dem Bild eines Hochzeitsmahles. Aber nur essen macht auch keinen Spaß. Da war doch noch was? Richtig: Essen und Trinken hält Leib und Seele zusammen. Zum guten Essen gehört auch ein gutes Weinchen.

Im Alkohol fühlt die Sau sich wohl

Gott hat auch nichts gegen den Wein. Im Gegenteil, Jesus sagt, dass er in Gottes Reich mit uns Wein trinken wird, und schon vorher gönnt uns Gott einen guten Tropfen, da ist er weder kleinlich noch asketisch. Gott ist nicht grundsätzlich gegen das Trinken von Alkohol, aber er ist gegen das Saufen von Alkohol. Und das Saufen war natürlich die Hauptsache von Belsazars Fete. „König Belsazar machte ein herrliches Mahl für seine tausend Mächtigen und soff sich voll mit ihnen“ (Vers 1).

Das Gefährlichste am Alkohol ist seine enthemmende Wirkung. Kaum hast du ein paar Klare drin, siehst du nicht mehr klar und machst Sachen, die du im nüchternen Zustand nie machen würdest. Normalerweise würdest du dich nicht an einer fremden Frau vergreifen, aber kaum hast du ein paar Bierchen drin, fängst du an, hinzulangen. Und so kommt es, dass bei den meisten Ehebrüchen und Ehescheidungen, Verkehrsunfällen und Verbrechen der Alkohol eine große Rolle spielt.

Belsazars Superfete ist ein Beispiel für die verheerende Wirkung des Alkohols, wie da Schritt um Schritt alle Hemmungen fallen. Es beginnt harmlos und endet hemmungslos. Denn nur saufen macht ebenfalls keinen Spaß. Da war doch noch was? Richtig: Weiber müssen dabei sein, das bringt die tausend Männer erst richtig in Schwung, kein feines Essen ohne flotte Mätressen. Denn was ein richtiger King ist, der begnügt sich nicht nur mit einer Frau, der vergnügt sich mit mehreren – König Belsazar hat „Frauen und Nebenfrauen", wie es hier heißt (Vers 2). Die müssen also antanzen und vortanzen, anmachen und vorsingen. Wein, Weib und Gesang, so nimmt die Fete ihren babylonischen Gang. Die Orgie geht los, und wir können uns ungefähr denken, wie die losgeht, schließlich ist Gruppensex keine Erfindung der Neuzeit. Aber diese Art von Sexspielchen macht auf die Dauer auch keinen Spaß. Da war doch noch was?

Und es dauert nicht lange, da liegen sie stinkbesoffen da mit den Damen in den Armen und langweilen sich schon wieder. Da war doch noch was? Richtig! Als Belsazar so voll ist, dass er von seinem Thron fällt, fällt ihm ein besonderer Gag ein, jetzt bietet er seinen Gästen eine Nummer, die sie aus ihrer rülpsenden Langeweile hochreißen wird: „Und als er betrunken war, ließ er die goldenen und silbernen Gefäße herbringen, die sein Vater Nebukadnezar aus dem Tempel zu Jerusalem weggenommen hatte ... Da wurden die Gefäße herbeigebracht und der König, seine Mächtigen, seine Frauen und Nebenfrauen tranken daraus. Und als sie so tranken, lobten sie die goldenen, silbernen, ehernen, eisernen, hölzernen und steinernen Götter" (Vers 2 und 3). Es sind also materielle Götter, also eine materialistische Religion.

Das Lob der goldenen, silbernen, ehernen, eisernen, hölzernen und steinernen Götter macht klar: Hier geht es um mehr als eine pikante Überraschung für die abgeschlaffte Sauftruppe, mehr als um einen Nervenkitzel für die verwöhnten oberen Tausend. Hier geht es um eine Verhöhnung Gottes, wie das auch Heinrich Heine in seinem Gedicht meisterhaft ausdrückt:

Und der König ergriff mit frevler Hand
einen heiligen Becher, gefüllt bis am Rand.
Und er leert ihn hastig bis auf den Grund
und rufet laut mit schäumendem Mund:
„Jehova! Dir künd' ich auf ewig Hohn –
ich bin der König von Babylon!"

Das ist die Zentralaussage: „Ich bin der König, ich bin der König, ich mache, was ich will. Ich bestimme, was erlaubt ist. Ich pfeife auf Gott und seine Gebote, und seine heiligen Gefäße sind mir grade gut genug, meinen Spaß damit zu haben."

Dein zerbeulter Pokal ist für Gott eine Qual

Es wird wohl kaum vorkommen heutzutage, außer bei Satanisten, dass einer das kostbare Gefäß, das wir zum Abendmahl benutzen, zu einem Besäufnis missbraucht. Aber es wird heutzutage ein ganz anderes

Gefäß, das Gott heilig ist, von manchen missbraucht, um Spaß damit zu haben. Mit diesem Gefäß meine ich den menschlichen Körper, unseren Leib, den Gott geschaffen und uns gegeben hat. „Wisst ihr denn nicht", so steht in der Bibel, „wisst ihr denn nicht, dass euer Leib ein Tempel des Heiligen Geistes ist?" (1. Korinther 6,19). Ein Tempel! Kein Tümpel!

Wenn es dir beim Geschlechtsverkehr nur darum geht, deinen Spaß zu haben, missbrauchst du den Körper deines Partners, ganz abgesehen davon, dass die Bibel den außerehelichen und gleichgeschlechtlichen Verkehr ablehnt.

Wenn sich die Leute danach richten würden, hätten wir kein AIDS-Problem. Aber dass man sich nach Gottes Gebot richten soll, darüber feixen die Leute ja bloß – bloß hat inzwischen sogar auch die Weltgesundheitsbehörde begriffen, dass die Bibel auch in diesem Punkt eben wieder mal recht hat. In einer Veröffentlichung der Weltgesundheitsbehörde zum Thema AIDS heißt es: „Der effektivste Weg, eine HIV-Infektion zu vermeiden, besteht darin, keinen Geschlechtsverkehr zu haben oder dass zwei nicht infizierte Partner einander treu sind." Ist denn das zu fassen! Ich traue meinen Ohren nicht! Das gute alte Wort „Treue", über das man in der letzten Zeit nur hämische Witze gemacht hat, wird auf einmal zum Schlüsselwort für die AIDS-Problematik, zu dem sichersten Rettungsmittel vor der tödlichen Gefahr. Mit anderen Worten: Der beste Schutz vor AIDS ist, wenn du die Bravo vergisst und nach der Bibel lebst. Denn die Bibel verbietet nicht nur außerehelichen und gleichgeschlechtlichen Verkehr, sondern sie gebietet auch die Treue zwischen den Partnern. Hier zeigt sich wieder mal, dass die Bibel eben nicht der verstaubte, spießige Spaßverderber ist, sondern die beste Lebenshilfe, auch in Sachen Sex.

Belsazar hatte kein Recht, mit den Tempelgefäßen zu machen, was ihm Spaß machte. Und du hast kein Recht, mit deinem Körper oder dem deines Partners zu machen, was dir Spaß macht, und wenn du's doch machst, ist das eine Verhöhnung Gottes.

Es ist ja kein Zufall, dass auf Belsazars Fete die Verhöhnung Gottes mit dem Loblied der goldenen, silbernen, ehernen, eisernen, hölzernen und steinernen Götter endet. Ich sage ja nicht, dass du dir Götter aus Holz machst (außer wenn du auf Holz klopfst), aber ich sage dir: Wenn du dir deine eigenen Lebensregeln machst und auf Gottes Gebote pfeifst, dann ist das genau dasselbe! Dann bist du auf dem Holzweg! Und wenn du denkst, du bist mit deinen selbsterfundenen Regeln schlauer als Gott mit seinen Geboten, dann irrst du dich tödlich. Na klar darfst du ohne Gott leben. Du darfst seine Gebote übertreten: du darfst lügen, du darfst ehebrechen, du darfst Kinder abtreiben – aber du darfst nicht vergessen, dass die Bibel sagt: „Irrt euch nicht, Gott lässt sich nicht spotten" (Galater 6,7). Dieser Satz fasst die Botschaft unseres Kapitels zusammen, das ist die Überschrift über Daniel 5: „Irrt euch nicht, Gott lässt sich nicht spotten."

Kein Gejohle bei der Sprühparole

Gott straft nicht jede Sünde sofort. Er reagiert nicht auf jeden Straßenköter, der ihn ankläfft. Aber manchmal reagiert er sofort. Und so ist es hier. Das Maß ist voll. Jetzt greift Gott ein. Jetzt greift Gott zur Sprühpistole. Jetzt lässt er eine Nummer steigen, die nicht im Programm vorgesehen war.

Der Saal ist in Stimmung. Die heiligen Gefäße kreisen. Die Herren haben ihre Jackets ausgezogen. Die Damen haben die obersten Knöpfe der Blusen geöffnet. Die Weiber kreischen. Die Männer grölen und grabschen, und sie huren und saufen – plötzlich verstummt eine Stimme nach der andern, und es wird totenstill in dem riesigen Raum. Plötzlich fahren die zerzausten Köpfe hoch. Plötzlich reißen sie die verquollenen Augen auf. Plötzlich halten sie alle die Luft an, denn: „Im gleichen Augenblick gingen hervor Finger wie von einer Menschenhand, die schrieben gegenüber dem Leuchter auf die getünchte Wand in dem königlichen Saal. Und der König erblickte die Hand, die da schrieb. Da entfärbte sich der König, und seine Gedanken erschreckten ihn, sodass er wie gelähmt war und ihm die Beine zitterten" (Vers 5 und 6). Gebannt verfolgen alle, wie Buchstabe um Buchstabe gemalt wird, und sind atemlos stumm vor Staunen. Die Sprühparole lautet: *Mene mene tekel u-parsin*. Keiner im Saal versteht den Sinn.

Das Erstaunliche an der Geschichte ist aber nicht die Schrift an der Wand, die Gott mit seinem Finger produziert. Das Erstaunliche ist, dass nicht viel mehr passiert, nicht noch was ganz anderes passiert.

Das Erstaunliche ist, dass Gott bloß mit dem Finger Buchstaben an die Wand malt, statt mit der Faust reinzuschlagen und den ganzen Laden zusammenzunieten. Bei seinem eigenen Volk, den Juden, ist er strenger. Da hat er jeden Frevel mit dem heiligen Gefäß mit sofortigem Tod bestraft. Und jetzt? Gott rammt dem Belsazar nicht den Becher in den Hals. Er stößt ihn nicht vom Thron. Er lässt ihn nicht im Suff ersticken. Er öffnet nicht die Erde, um diese Lasterhöhle zu verschlingen. Nein, er malt mit der Hand an die Wand ein paar Hieroglyphen, die keiner entziffern kann: *Mene mene tekel u-parsin*.

Wir wünschen uns manchmal, dass Gott anders wäre. Wir denken: Hau doch mal dazwischen, wenn sie grölen, dass es dich nicht gibt. Wenn sie auf dich pfeifen, zeig dich doch mal! Zeig ihnen doch mal deine Macht! Stopf ihnen das Maul! Bestrafe sie! Aber Gott sei Dank bestraft er uns nicht auf der Stelle. Wenn jeder, der gesündigt hat, sofort vom Schlag getroffen würde, wäre diese Kirche in diesem Moment eine große Leichenhalle. Wir alle leben von der Gnade Gottes, dass er uns nicht sofort bestraft, sondern fort und fort mit uns redet durch sein Wort. Und diese Gnade wird jetzt auch dem Belsazar angeboten durch die Schrift an der Wand.

Es werden sofort die Hofgelehrten gerufen. Aber auch die können die Schrift nicht deuten, „und darüber erschrak der König noch mehr und verlor seine Farbe ganz, und seinen Mächtigen wurde angst und bange" (Vers 9). Na, guck an, wer hätte das gedacht! Die mächtigen Herren sind nicht nur voll Alkohol, sie haben die Hosen voll! Aber obwohl sie Schiss haben,

haben sie nur einen kurzen Schreck. Ich habe schon manchen gesehen, dem Gott ein Zeichen gegeben hat, z. B. einen Krankheits- oder Todesfall, und da wird dann vor Schreck auf fromm gemacht, zwei-, dreimal zur Kirche gegangen, aber zu einer richtigen Bekehrung kommt es nicht. Das war ja genauso in den Wochen nach dem 11. September 2001. Wir alle, zusammen mit Millionen Menschen rund um den Globus, haben auf unseren Bildschirmen die Flammenzeichen gesehen. Wir haben gesehen, wie die beiden Türme in Manhattan in Flammen aufgingen, und die Menschen waren entsetzt. In ihrer Hilflosigkeit und Trostbedürftigkeit sind die Massen in den folgenden Tagen zu Tausenden in die Kirchen geströmt, weil sie irgendwie gespürt haben: Wenn überhaupt, dann können wir nur bei Gott Trost finden.

Es war ein Moment der Betroffenheit, der Besinnung, der Einkehr – aber zu einer Umkehr der Menschen ist es nicht gekommen. Im Gegenteil, es geht weiter wie bisher, vielleicht nur noch ein bisschen verrückter. Die Spaßgesellschaft treibt immer groteskere Blüten, der Tanz ums goldene Kalb wird immer wilder, aber von einer Umkehr zu Gott ist nichts zu merken. Dabei ist die Umkehr zu Gott, die Bekehrung, dass die Menschen endlich anfangen, die falschen Götter zu verlassen und nach Gottes Geboten zu leben, das Allerwichtigste, was seit dem 11. September dran ist.

Aber offensichtlich läuft es in unserer Spaßgesellschaft wieder mal genauso ab wie bei der großen Spaßfete Belsazars. Bei Belsazar & Co reicht es bloß zu einem oberflächlichen Schreck, es geht nicht in die Tiefe. Gott hat dem Belsazar die Sprühpistole nicht auf die Brust gesetzt, um ihn zu erschrecken, sondern um ihn zu bekehren, zur Umkehr, zum Leben zu rufen. Aber Belsazar will sich nicht bekehren. Er will nicht umkehren. Er will sich nicht ändern. Er will seine Weiber behalten. Er will seine Sauferei nicht aufgeben. Der Mann begreift nicht, dass Gott ihm hier die letzte Chance bietet, dass er auf die Knie müsste, dass er rückhaltlos seine Schuld bekennen müsste. Stattdessen spielt er immer noch großmäulig den King. So verpasst er den Moment der Gnade – und so gibt es einen Moment, wo bei Gott die Tür zugeht. Aber bevor sie endgültig zugeht, geht sie noch einmal auf.

Angeschmiert und nichts kapiert

Wie ein Lauffeuer hat sich durch den Palast die Nachricht verbreitet: Im Vergnügungsflügel, im Wodkaschuppen, stinkts. Man hat Schmierereien an der Wand entdeckt, irgendwelche Parolen – Sinn und Täter unbekannt. Das dringt bis zur Mutter des Königs. Und da geht die Türe auf, und die Mutter kommt rein. Sie glaubt zwar nicht an Gott, aber von den Sauereien ihres Herrn Sohn hat sie sich ferngehalten. Sie ist also nicht besoffen wie der Rest der Firma, sondern bei klarem Verstand. Und sie sagt zu Belsazar: „Da war doch noch was, da war doch noch wer? Es gibt einen Mann in deinem Reich, der könnte dir helfen. Der hat schon deinem Vater geholfen. Der hat den

Geist der Götter und kann Träume deuten, das ist der Daniel. Lass den holen, der kann dir die Schrift deuten" (Vers 11 ff.).

So kommt Daniel wieder ins Spiel. Er erscheint, und jetzt wird's klasse. Daniel ist wie ein Licht unter den finsteren Typen an Belsazars Hof. Solche Menschen müsste es mehr geben! Aber damals wie heute ist unter Tausend nur einer wie er. Gleich das Erste, was er sagt, ist schon eine wahre Wonne. Als er reinkam, hatte ihm Belsazar großzügig angeboten: „Wenn du mir die Schrift deuten kannst, wirst du mit Purpur gekleidet, kriegst eine goldene Kette und wirst der Dritte im Königreich."

Schöne Kleidung, Gold und einen Regierungsposten – was will der Mensch mehr? Daniel will nicht, weil er schon mehr hat. Er hat Gott, und deshalb ist er unbestechlich. Sein erster Satz lautet: „Behalte deine Gaben und gib dein Geschenk einem anderen" (Vers 17).

Und das Zweite, was Daniel sagt, ist mindestens genauso klasse. Er sagt dem König ungeschminkt die Wahrheit. Das hätte er nicht machen können, wenn er sich vorher verkauft hätte. Wer sich verkauft, muss den Mund halten, anderen nach dem Mund reden. Aber weil er sich nicht bestechen ließ, muss er jetzt kein Blatt vor den Mund nehmen. Er erinnert Belsazar an dessen Vater Nebukadnezar, dass der stolz und hochmütig war, wahnsinnig wurde, vom Thron gestürzt wurde, sich dann aber bekehrte und Gott die Ehre gab.

„Aber du, Belsazar, sein Sohn, hast dein Herz nicht gedemütigt, obwohl du das alles wusstest, sondern hast dich gegen den Herrn des Himmels erhoben, und die Gefäße seines Hauses hat man vor dich bringen müssen, und du, deine Mächtigen, deine Frauen und deine Nebenfrauen, ihr habt daraus getrunken; dazu hast du die goldenen, silbernen, ehernen, eisernen, hölzernen und steinernen Götter gelobt, die weder sehen noch hören noch fühlen können. Den Gott aber, der dein Leben und alle deine Wege in seiner Hand hat, hast du nicht verehrt. Darum wurde von ihm diese Hand gesandt und diese Schrift geschrieben. So aber lautet die Schrift, die dort geschrieben steht: *Mene mene tekel u-parsin*. Und sie bedeutet dies: Mene, das heißt, Gott hat dein Königtum gezählt und beendet. Tekel, das heißt, man hat dich auf der Waage gewogen und zu leicht gefunden. Peres, das heißt, dein Reich ist zerteilt und den Medern und Persern gegeben" (Vers 22-28).

Abgang ohne Klang

Gott zeigt hier also der Pfeife die rote Karte. Das Spiel wird abgepfiffen. Es ist aus. Hoffentlich geht es dir nicht am Tag des Jüngsten Gerichts genauso, wenn Gott dich fragt, warum du dich nicht bekehrt hast, warum du aus der biblischen Geschichte nichts gelernt hast, obwohl du das doch alles wusstest.

Belsazar war nicht bereit, aus der Geschichte zu lernen. Ihm wird vorgeworfen: „Du hast dein Herz nicht gedemütigt, obwohl du alles wusstest" (Vers 22). Er zerbrach an seinen Orgien, seiner Schamlosigkeit und seiner Gottlosigkeit. Genau das sind, zusammen mit der Bestechlichkeit, die Zeichen für den bevorstehenden Untergang einer Kultur. Wenn die Bestechung, die Finanzskandale, die Sauf- und Drogensucht, die Schamlosigkeit und die Gottlosigkeit das Normale sind – dann geht's bergab.

So zerbrach Belsazars Reich, so zerbrach das römische Reich, das Hitlerreich, das Sowjetreich mit seinen Vasallen. Daniel kündigt das Ende von Belsazars Reich an, indem er die Zeichen des Verfalls nennt. Diese göttlichen Drohungen treffen den König mit der Wucht von Hammerschlägen. Und mit der Präzision von Glockenschlägen treffen sie auf der Stelle ein.

Erstens: „In derselben Nacht wurde Belsazar getötet" (Vers 30).

Zweitens: „Und Darius aus Medien übernahm das Reich" (Daniel 6,1).

Überschrift: „Irrt euch nicht. Gott lässt sich nicht spotten."

Löwen: Schnauze!

DANIEL 6

Daniel war ein Jude aus Jerusalem, als Knirps gekidnappt, als Teenager auf staatstreu getrimmt, als Beamter in Babel ausgebildet, klug, geschickt, begabt, für die politische Laufbahn wie geschaffen. Es dauerte nicht lange, da hatte er es bis zum Minister gebracht, und fast wäre er zur rechten Hand, zum ersten Stellvertreter des Staatsoberhauptes geworden. Aber in dem Augenblick, als er den Posten des Ministerpräsidenten kriegen sollte, kriegen ihn seine Gegner zu fassen und stürzen ihn.

Denn es ist ja klar, dass so ein Mann seine Konkurrenten hat. Da gab's noch genug andere, die zwar nicht so viel auf dem Kasten, aber große Lust auf seinen Posten hatten. Die hatten sich sowieso schon lange darüber geärgert, wie der Daniel sie alle der Reihe nach überrundet hatte. Aber jetzt, als er den höchsten Regierungsposten kriegen sollte, da platzte ihnen vor Neid der Kragen, und sie beschlossen, ihn abzuschießen.

Das war aber bei Daniel gar nicht so einfach. Einfach deswegen, weil man dem keine Fehler nachweisen konnte. Keine Geldskandale, keine Weibergeschichten. Er hatte weder mit Baulizenzen noch mit Immobilien geschoben, keine Parteigelder veruntreut, niemanden bestochen, keine Falschaussagen vor Gericht, keine Spendenaffäre, keine schwarzen Konten – also nichts von dem, was z. B. viele Mitglieder unserer Regierung kennzeichnet. Dem Manne war beim bösesten Willen einfach nichts anzuhängen.

Wer sich mit Machenschaft Macht schafft

„Da trachteten die Fürsten und Statthalter danach, an Daniel etwas zu finden, das gegen das Königreich gerichtet wäre. Aber sie konnten keinen Grund zur Anklage und kein Vergehen finden; denn er war treu, sodass man keine Schuld und kein Vergehen bei ihm finden konnte. Da sprachen die Männer: Wir werden keinen Grund zur Anklage gegen Daniel finden, es sei denn wegen seiner Gottesverehrung." (Vers 5 und 6)

Dass man da nicht eher draufgekommen war! Der Daniel war in jeder Hinsicht einwandfrei, bis auf einen einzigen Punkt: Er war ideologisch nicht astrein. Hatte die falsche Weltanschauung. Das war der Punkt, wo man den Hebel ansetzen konnte, um ihn aus dem Sattel zu wippen. Daniel stammte, wie gesagt, aus Jerusalem. Er war Jude, und die Juden sind Menschen, die an Gott glauben und zu Gott beten. Zum Beispiel spricht jeder fromme Jude täglich mehrmals das Gebet: „Höre, Israel, der Herr ist unser Gott, der Herr allein. Und du sollst den Herrn, deinen Gott, lieben von ganzem Herzen, von ganzer Seele und mit aller deiner Kraft" (5. Mose 6,4).

Diese Worte hat der Daniel auch gebetet. Jeden Tag. Dreimal an jedem Tag. Laut. Das war bekannt. Und der Daniel machte sich da überhaupt nichts draus. Jeder konnte wissen, dass er ein treuer

Anhänger Gottes war – daran hatten auch die Umschulung, die Karriere und der hohe Posten nichts ändern können.

Wir werden noch sehen, in welche Gefahr, Lebensgefahr, Daniel wegen seines Glaubens gerät, als man ihn in die Höhle der Löwen den wilden Bestien zum Fraß vorwirft. Aber die Gefahr der Löwenhöhle ist nicht so schlimm wie die Gefahr, ein Salonlöwe zu werden, der sich einen hohen Posten erschleicht, indem er um Gott einen Bogen und vor den Menschen einen krummen Buckel macht. Es ist schon mancher auf dem politischen Parkett ausgerutscht und glatt umgefallen.

Ganze Kirchen haben vor den politischen Machthabern auf dem Bauch gelegen oder mit ihnen im Bett und haben Gott verraten. Durch das jahrhundertelange Bündnis von Thron und Altar hat die Kirche oft genug ihren Glauben verleugnet, wenn sie jedem Machthaber, egal, wer da nun gerade regierte, ihre Dienste angeboten hat. Das hat der Kirche schließlich den Ruf eingebracht, sie wäre weiter nichts als ein Instrument der herrschenden und besitzenden Klassen. Aber die Kirche ist nicht dazu da, die herrschende Klasse zu stützen oder zu stürzen, sondern sie ist dazu da, alle Menschen aller Klassen zu Gott zu rufen. Deshalb fordere ich dich im Namen Gottes auf, Gott die Ehre zu geben und ihn anzubeten, egal, zu welcher Menschenklasse du gehörst, ob du Mercedes-, Motorrad- oder Mountainbike-Fahrer bist.

Daniel gehörte zur herrschenden Klasse. Aber Gott hat ihn davor bewahrt, am Hof des Königs ein Höfling zu werden, und das ist das große Wunder in unserer Geschichte. Denn die Versuchung ist auch für Daniel groß genug gewesen.

Du weißt ja, wie das ist, wenn du als Einzelner gegen den Strom schwimmst. Du bist vielleicht der Einzige in deiner Klasse, der an Gott glaubt. Der Einzige in deiner Familie, der zur Kirche geht. Der Einzige in deiner Firma, der vorm Essen betet.

Und jetzt stell dir Daniel vor: der einzige Minister im babylonischen Weltreich, der an Gott glaubt. Der Einzige in der ganzen Regierung, der zu Gott betet. Allein einem Riesenapparat gegenüber. In seinem ganzen Ministerium, in allen Abteilungen, auch in den inneren, sind alle anders als er. Aber er gehört nicht zu der Sorte Menschen, die wegen ihrer Karriere Gott den Rücken kehren. Die wegen eines schönen Postens ihre Seele verkaufen. Die, um im Leben vorwärtszukommen, zum Rückversicherer werden und ihren Glauben verleugnen. Der gehört nicht zu denen, die ihren Glauben im Herzen haben und sich nach außen nichts anmerken lassen. Die innerlich einen frommen Standpunkt vertreten und äußerlich ganz woanders stehen, nach dem Motto des Wetterhahns: „Ich habe auch meinen festen Standpunkt." So eine windige Type war Daniel nicht. Der orientierte sich nur nach einer einzigen Richtung: nach Jerusalem, der Stadt Gottes, nach Gott. Der war Gott treu.

Besser treu als scheu

Und vielleicht war es gerade diese unbeugsame Treue, diese unbedingte Wahrhaftigkeit, diese ehrliche Geradlinigkeit, die ihm die Gunst seines Königs eingebracht hatte. Denn der König hatte erkannt: Auf die Karrieremacher und Speichellecker, die ihm bloß nach dem Munde redeten, konnte er sich sowieso nicht verlassen. Aber bei dem Daniel, da wusste er, woran er war. Dem konnte er vertrauen, besser als dem ganzen Geschmeiß von Heuchlern, das ihn sonst umgab. Ein Mensch, der seine Überzeugung ehrlich und treu vertritt, ist immer vertrauenswürdig. Treue und Vertrauen gehören zusammen.

Und wenn du willst, dass die Menschen dir vertrauen, wenn du willst, dass sie – deine Freunde und deine Feinde – dich überhaupt ernst nehmen, dann brauchst du nur ehrlich zu deiner Überzeugung zu stehen. Leg beim Einzug ins Lehrlingswohnheim oder in die Kaserne von vornherein am ersten Tag als Erstes deine Bibel auf den Tisch und lebe die restlichen Tage danach. Durch Offenheit, Ehrlichkeit und Wahrhaftigkeit machst du dich vielleicht nicht immer beliebt. Aber du machst dich dadurch auf alle Fälle vertrauenswürdig.

Nun waren da also noch die neidischen Kollegen, die Daniel seine Vertrauensstellung nicht gönnten. „Wie könnten wir", so war die Frage, „ihn austricksen?" Also marschierten diese Neidhammel zum Leithammel, also zum König, und sagen zu ihm: „Der König Darius lebe ewig! Es haben die Fürsten des Königreichs, die Würdenträger, die Statthalter, die Räte und Befehlshaber alle gedacht, es solle ein königlicher Befehl gegeben und ein strenges Gebot erlassen werden, dass jeder, der in dreißig Tagen etwas bitten wird von irgendeinem Gott oder

Menschen, außer von dir, dem König, allein, zu den Löwen in die Grube geworfen werden soll. Darum, o König, wollest du ein solches Gebot ausgehen lassen und ein Schreiben aufsetzen, das nicht wieder geändert werden darf nach dem Gesetz der Meder und Perser, das unaufhebbar ist. So ließ der König Darius das Schreiben und das Gebot aufsetzen" (Vers 7-10). O. K., sagten die Neidhammel (O. K. ist die Abkürzung für „O König"), so soll's geschehen, und so haben sie den Daniel so gut wie in der Falle.

Die Größe scheut die Blöße

Wir erhalten hier so nebenbei einen Einblick in den Mechanismus des Personenkultes, wie er später mit vielen anderen Herrschern getrieben wurde, von Stalin über Hitler und Mao und Gaddafi bis zu solchen kleinen Geistern wie Walter Ulbricht und Erich Honecker. Es ist ja interessant, dass nicht der König auf die irre Idee kommt, sich einen Monat lang als Gott anbeten zu lassen, sondern diese Idee wird ihm von seinen Hofschranzen suggeriert. Es sind immer die kleinen Geister von unten, die einen Menschen zum Personenkult raufschaukeln. Und wenn der Mensch auf der Regierungsschaukel selber ein kleiner Geist ist, dann gefällt dem das. Dann lässt der sich das gefallen.

In unserem Falle sieht man, wie ein mächtiger Mann abhängig wird von seinen eigenen Untergebenen. Außerdem zeigt sich, dass selbst der König, der ja angeblich ein Gott ist, abhängig ist von einer über ihm stehenden, unpersönlichen Macht. Es ist hier dauernd die Rede von dem „Gesetz der Meder und Perser“, das selbst der König nicht übertreten darf. Selbst der steckt in einem System von Abhängigkeiten. Auch er hat nicht die Freiheit, zu machen, was er will. Er kann nicht einmal, wie wir gleich sehen werden, der Stimme seines Gewissens folgen.

Diese Freiheit, nach seinem eigenen Gewissen zu handeln, hat hier nur einer, und das ist der Daniel. Weil er sein Gewissen nicht bestimmen lässt von der Regierung, von der Gesellschaft, von anderen Leuten und Meinungen, sondern von Gott. Daniel ist in seinem Gewissen allein abhängig von Gott. Und je mehr du von Gott abhängig bist, desto freier bist du.

Daniel beteiligt sich am per Gesetz staatlich verordneten Personenkult nicht. Als er von dem Gebot des Königs hört, geht er, so heißt es hier, „in sein Haus“. Es gibt Zeiten, wo sich der gläubige Mensch besser in seine vier Wände und in den Untergrund zurückzieht. Auch das hat die Kirche oft getan. Jeder Tourist, der nach Italien kommt, kann dort in Rom die Katakomben besichtigen, unterirdische Gänge, in denen die Christen in Zeiten der Verfolgung untergetaucht sind.

Für Daniel beginnt jetzt seine Katakombenzeit. Er provoziert den König nicht durch öffentliche Proteste, sondern er zieht sich still in sein Haus zurück. Aber dieser Rückzug ins Haus wird nicht zur Verleugnung. Und das ist nun das zweite Wunder in dieser Geschichte. Gott bewahrt den Daniel vor der ungeheuren Versuchung, jetzt nun auch noch in seinem Haus die Finger von Gott zu lassen. Er hätte sich ja sagen können: Wozu die Hände falten? Auf die äußerliche Gebetshaltung kommt es doch nicht an. Wozu laut beten? Gott hört auch, wenn man in seinem Herzen betet. Wozu überhaupt beten? Gott ist allwissend, der weiß sowieso schon, was ich ihm sagen will. Aber solche Argumente zählen für einen Charakter wie Daniel nicht. Er bleibt Gott treu. Auch im Gebet.

Beten mit und ohne Tapeten

Er betet, und er betet laut, wie es sich gehört, und dass es jeder hören kann, nämlich bei offenem Fenster: „Der Herr ist unser Gott, der Herr allein." Und es macht ihm absolut nichts aus, dass die Spitzel und Schlitzohren unten ums Haus schleichen und nur darauf lauem, ihn bei der unerlaubten religiösen Handlung zu erwischen.

Daniel war nicht so unverschämt wie der große Kabarettist Werner Fink, der während der Nazizeit in seinem Kabarett die Nazis provozierend angegriffen hat. Als der mal sah, dass die Nazispitzel mit dem Mitschreiben seiner frechen Reden nicht mehr mitkamen, unterbrach er sein Programm und fragte die Spitzel: „Kommen Sie mit, oder soll ich mitkommen?"

Daniel hat niemanden auf diese Weise provoziert. Er hat ganz einfach zu Gott gebetet. Überhaupt kannst du dir den Daniel als Beispiel und Vorbild nehmen, wie du beten sollst. Ich nenne dir vier Grundsätze über das Gebet. Erstens: Gewöhne dich an regelmäßiges Beten, aber bete nicht gewohnheitsmäßig. Das heißt, beten kannst du grundsätzlich immer und überall, aber du hast ja nicht immer Zeit. Deshalb suche dir in deinem Tagesablauf eine bestimmte Zeit, vielleicht auch einen bestimmten Ort für das Gebet.

Zweitens: Bete in würdiger Form, aber entwürdige das Beten nicht zu einer Formsache. Das heißt, beim Beten plauderst du nicht mit deinem Kumpel, sondern sprichst mit deinem Schöpfer, dem Chef des Universums. Begegne ihm mit Ehrfurcht, wie es sich gegenüber einer Respektperson gehört. Da aber Gott auch dein Vater ist, sprich zu ihm aus kindlichem Herzen und beleidige ihn nicht durch künstliche Formeln.

Drittens: Bete immer nach der einen Seite – wie Daniel „nach Jerusalem" – aber bete nicht einseitig. Das heißt, wenn du zu Gott betest, z. B. in einer Gebetsgemeinschaft, dann bete wirklich zu Gott und predige nicht deine Mitchristen an. Bete nicht immer dasselbe. Besprich mit Gott dein ganzes Leben.

Viertens: Bete im Verborgenen, aber verbirg nicht, dass du betest. Das heißt, mach aus deinem Gebet keine Demonstration. Ich finde es z. B. nicht sehr christlich, einem Atheisten durch lautes Beten vor dem Essen den Appetit zu verderben. Aber es ist ebenso falsch, vor anderen zu verleugnen, dass du vor dem Essen und überhaupt betest. Bleib beim Beten natürlich und ehrlich.

Grunzendes Grubengrab

Daniel richtet sich nach diesen vier Regeln, ohne Rücksicht auf die Spitzel, die ihn beobachten. Die sausen, kaum dass er „Amen“ gesagt hat, zum König. Und jetzt kommt alles erst mal so, wie es in solchen Fällen kommen muss: „Da traten sie vor den König und redeten mit ihm über das königliche Gebot: O König, hast du nicht ein Gebot erlassen, dass jeder, der in dreißig Tagen etwas bitten würde von irgendeinem Gott oder Menschen, außer vor dir, dem König, allein, zu den Löwen in die Grube geworfen werden soll? Der König antwortete und sprach: Das ist wahr, und das Gesetz der Meder und Perser kann niemand aufheben. Sie antworteten und sprachen vor dem König: Daniel, einer der Gefangenen aus Juda, der achtet weder dich noch dein Gebot, das du erlassen hast; denn er betet dreimal am Tage. Als der König das hörte, wurde er sehr betrübt und war darauf bedacht, Daniel die Freiheit zu erhalten, und mühte sich, bis die Sonne unterging, ihn zu erretten. Aber die Männer kamen wieder zum König gelaufen und sprachen zu ihm: Du weißt doch, König, es ist das Gesetz der Meder und Perser, dass alle Gebote und Befehle, die der König beschlossen hat, unverändert bleiben sollen. Da befahl der König, Daniel herzubringen. Und sie warfen ihn zu den Löwen in die Grube“ (Vers 13-17).

Daniel muss sterben. Er muss in die Löwengrube, und der König, der ihn gern retten wollte und nicht konnte, der ruft ihm noch ziemlich kläglich hinterher, was er selber nicht glaubt: „Dein Gott, dem du ohne Unterlass dienst, der helfe dir!" (Vers 17). Und dann geht der Bericht folgendermaßen weiter: „Und sie brachten einen Stein, den legten sie vor die Öffnung der Grube; den versiegelte der König mit seinem eigenen Ring und mit dem Ring seiner Mächtigen, damit nichts anderes mit Daniel geschähe. Und der König ging weg in seinen Palast und fastete die Nacht über und ließ kein Essen vor sich bringen und konnte auch nicht schlafen.

Früh am Morgen, als der Tag anbrach, stand der König auf und ging eilig zur Grube, wo die Löwen waren. Und als er zur Grube kam, rief er Daniel mit angstvoller Stimme. Und der König sprach zu Daniel: Daniel, du Knecht des lebendigen Gottes, hat dich dein Gott, dem du ohne Unterlass dienst, auch erretten können vor den Löwen? Daniel aber redete mit dem König: Der König lebe ewig! Mein Gott hat seinen Engel gesandt, der den Löwen den Rachen zugehalten hat, so dass sie mir kein Leid antun konnten; denn vor ihm bin ich unschuldig, und auch gegen dich, mein König, habe ich nichts Böses getan. Da wurde der König sehr froh und ließ Daniel aus der Grube herausziehen. Und sie zogen Daniel aus der Grube heraus, und man fand keine Verletzung an ihm, denn er hatte seinem Gott vertraut." (Vers 18-24)

Zahme Löwenzähne

Das ist das dritte Wunder der Bewahrung, das uns in diesem Kapitel erzählt wird. Und ich möchte das jetzt so stehen lassen, wie es hier in der Bibel steht, ohne den Versuch zu machen, euch das zu erklären. Gott hat den Löwen das Maul zugehalten. Eine andere Erklärung gibt es nicht, und es wäre Unsinn, eine andere Erklärung zu suchen. Und auch das haben Christen immer wieder erfahren: Gott kann auch dem viehischsten Feind das Maul zuhalten, die Hände festhalten, die Augen zuhalten. So hat das z. B. Corrie ten Boom erlebt. Als sie ins Frauen-KZ Ravensbrück eingeliefert wurde, gab es zwei Leibesvisitationen, erst in den eigenen Kleidern, dann im KZ-Kittel. Beide Male wurde die Bibel, die Corrie ten Boom bei sich trug, nicht gefunden. Gott hatte den SS-Leuten, den Tieren in Menschengestalt, die Augen zugehalten.

Und ich kann von mir selber bezeugen, dass Gott der Stasi die Hände gebunden hat, obwohl die mich beruflich, psychisch und physisch vernichten wollte. Die wollte mich aus der Stadt Karl-Marx-Stadt entfernen, die wollte mich aus dem Pfarramt entfernen, die Stasi hat mich bespitzelt und hatte die Macht, mich zu vernichten. Aber Gott hat der Stasi die Schnauze zugehalten, dass sie nicht zuschnappen konnte, und ich bin aus der bösen Falle der DDR rausgekommen, ohne dass mir ein Haar gekrümmt wurde, denn ich hatte meinem Gott vertraut.

Als Daniel, der Knecht Gottes, in die Löwengrube geworfen wurde, da war für ihn der Ofen aus, und zwar endgültig. Aber wo wir Menschen am Ende sind, ist Gott noch lange nicht am Ende. Als fünfhundert Jahre später Jesus, der Sohn Gottes, in sein Grab gelegt wurde, da war für ihn auch der Ofen aus. Da erschien kein rettender Engel, sondern da kamen ein paar rohe Soldaten, die in seinen Körper stachen, und dann wurde der Tote in ein Grab gelegt, in eine Felsenhöhle, Stein davor, Siegel drauf, und dann war Ruhe. Schluss mit dem Jesusrummel. Aus mit der Jesusbewegung. Sense mit Jesus. Die Gegner triumphieren, die Jünger resignieren.

Und als sie am Ostermorgen zum Grab von Jesus kommen, da ist das Grab leer. Und da steht dort ein Engel, der etwas viel Unfasslicheres sagt als das, was wir von Daniel gehört haben. Dieser Engel sagt: „Er ist auferstanden!" Der Gott, der Daniel aus der Löwengrube befreit hat, hat auch Jesus aus seinem Felsengrab befreit, und er wird auch dich aus deinem Grab befreien. Und wenn du vielleicht jetzt – durch eigene oder fremde Schuld – in der Klemme sitzt, in einer Situation, aus der du keinen Ausweg weißt, dann möchte ich dir sagen: Gott weiß immer einen Ausweg. Für Gott gibt es keine ausweglosen Situationen. Der Gott, der mit dem Tod fertigwird, wird auch mit deinem Problem fertig. Gott kann nicht nur ein paar Löwen, der kann noch ganz andere Kreaturen in Schach halten. Gott wird nicht nur mit ein paar Löwenmäulern, sondern mit jeder Art von Großmäulern fertig. Und wenn Gott befiehlt: „Löwen: Schnauze!", dann haben die die Schnauze zu halten. Gott kann die schützen, die ihm vertrauen. Daniel, so heißt es hier, „hatte seinem Gott vertraut."

In der Bibel steht: „Den Treuen ist Gott treu" (Psalm 18,26).

Tierische Zeiten

DANIEL 7

Eigentlich wollte ich schon in Kapitel 6 mit dem Daniel aufhören. Bis jetzt war das eine spannende Geschichte, die ließ sich leicht erzählen. Aber ab Kapitel 7 geht es nicht mehr um eine Geschichte, sondern um Gesichte, um Visionen. Vision heißt: Daniel sieht etwas, was noch kein anderer Mensch gesehen hat. Gott lässt ihn sehen, was aus der Welt wird. Gott zeigt ihm die Zukunft. Und weil wir Menschen nur die Gegenwart und die Vergangenheit kennen, können wir die Zukunft nur sehr schwer beschreiben. Wir können sie nur umschreiben, indem wir Bilder benutzen und in Bildern reden.

Das macht der Prophet Daniel. Er redet in einer Bildersprache, die für uns sehr schwer verständlich ist und über die man sehr lange nachdenken muss. Und weil schon viele Menschen über dieses Kapitel nachgedacht haben und dabei viel verrücktes Zeug gedacht worden ist, hab ich mir gedacht: Finger weg von Daniel 7! Predige über was Leichteres. Die Bibel ist dick genug. Aber da hörte ich die Geschichte von dem Musikstudenten, der durch die Prüfung gerasselt ist, weil er sich bei der 5. Sinfonie von Beethoven verspielt hat. Als er aus der Musikschule rauskommt, muss er an einem Denkmal Beethovens vorbei. Da geht er hin, streckt die Zunge raus und sagt: „Bäbäbäbääää!“

Natürlich ist es falsch, Beethoven abzukanzeln, weil er schwer zu spielen ist. Und genauso falsch wäre es, Daniel nicht auf die Kanzel zu bringen, weil das schwer zu erklären ist. Und deshalb rede ich nun doch über Daniel 7. Dazu gibt es noch zwei weitere Gründe.

Erstens: Dieses Kapitel hat eine ganz entscheidende Bedeutung für Jesus gehabt. Er hat sich nämlich nach einer Bezeichnung in diesem Kapitel genannt. Jesus hatte eine Eigenart. Wenn er von sich selber geredet hat, hat er oft nicht gesagt: „Ich, Jesus", sondern er hat gesagt: „Der Menschensohn." Mit dieser Bezeichnung „Menschensohn" hat er sich immer selber gemeint. Also zum Beispiel in Matthäus 24, wo er davon spricht, dass er am Ende der Welt wiederkommen wird, da sagt er nicht: „Ich werde kommen", sondern er sagt: „Der Menschensohn wird kommen auf den Wolken des Himmels" (Matthäus 24,30). Dieser Ausdruck „Menschensohn", und nicht nur dieser Ausdruck, sondern sogar der ganze Satz, stammt wörtlich aus Daniel 7,13: „Siehe, es kam einer mit den Wolken des Himmels wie ein Menschensohn." Wenn Jesus sich mit diesem Ausdruck „Menschensohn" bezeichnete, wollte er also sagen: „Ich bin derjenige, von dem der Prophet Daniel geredet hat (Daniel lebte 500 Jahre vor Jesus). Ich bin der, den die Bibel in Daniel 7 meint. Ich bin der verheißene Messias." Wenn also dieses Kapitel für Jesus so eine zentrale Bedeutung hatte, kann ich es nicht unter den Tisch fallen lassen.

Zweitens: Das ist zwar mit diesen verzwickten Bildern eine schwierige Kiste. Aber wenn was schwierig ist, ist es ja noch kein Grund, es sein zu lassen. Ich käme mir schäbig vor, euch zu verschweigen, was die Bibel über die Zukunft sagt, bloß weil's für mich schwierig zu erklären ist. Genug der Vorreden, aufi geht's: Daniel 7 ist ein heißes Eisen, also packen wir's an.

Fiese Brise

„Ich, Daniel, sah eine Vision in der Nacht, und siehe, die vier Winde unter dem Himmel wühlten das große Meer auf" (Vers 2). Da geht die Schwierigkeit schon los. Das gibt's ja gar nicht, vier Winde gleichzeitig. Gleichzeitig bläst der Wind nie aus allen vier Himmelsrichtungen. Stellt euch das mal vor, da müssten die ja bei der Tagesschau den Pfeil, der die Windrichtung anzeigt, wie einen Propeller rotieren lassen. Aber was Daniel hier sieht, ist nicht der Wetterbericht von der Tagesschau, sondern der Weltspiegel, die Zukunftsschau Gottes. Hier geht's nicht um die Vorgänge in der Natur – da weht der Wind tatsächlich nie aus allen vier Richtungen gleichzeitig, da gibt's das nicht. Sondern hier geht's um die Vorgänge in der Geschichte der Menschheit, und da gibt's das.

Und wenn wir uns in unserer heutigen Welt umsehen, da sehen wir, wie sich das, was Daniel gesehen hat, vor unseren Augen erfüllt. Denn in unserer Zeit pfeift der Wind ja nun tatsächlich aus allen vier Himmelsrichtungen gleichzeitig: Ost gegen West, West gegen Ost – das ist der sogenannte Ost-West-Konflikt, und dazu Süd gegen Nord, Nord gegen Süd – das ist der sogenannte Nord-Süd-Konflikt, unter dem Millionen Menschen leiden. Die hungernden Massen der südlichen Welt wollen sich den Wohlstand der Reichen aus dem Norden – da gehören wir dazu! – nicht länger ansehen, sondern sie wollen ihn auch haben. Es ist Kampf angesagt. Und jede Tagesschau und jede Tageszeitung vermittelt uns das gleiche Bild, wie es Daniel vor 2500 Jahren gesehen hat. Wir sehen heute per Television die Verwirklichung der Danielvision. Aus allen vier Himmelsrichtungen geht es gegeneinander los. Die Völkerwelt ist wie ein aufbrausendes Meer, zerwühlt, zerstritten, ständig gepeitscht von neuen Stürmen, immer am Rand von irgendwelchen Katastrophen.

Für den Zustand der Völkerwelt gibt es kein treffenderes Bild als das, was dem Propheten Daniel hier gegeben ist: „Die vier Winde unter dem Himmel wühlten das große Meer auf." Die Prophezeiungen Daniels beginnen sich jetzt zu erfüllen, jetzt, in unserer Zeit, im 20. und 21. Jahrhundert. Denn bis zum 19. Jahrhundert spielte sich das Leben der Menschen getrennt voneinander ab, da machte sich jeder seine Katastrophen selber. Europa wusste nichts von Afrika, Afrika nichts von Lateinamerika. Was dort passierte, wusste hier keiner, wollte auch keiner wissen.

Seit Anfang des vorigen Jahrhunderts, seit dem Ersten Weltkrieg, ist das anders geworden. Jetzt gibt es keine einzelnen Seen mit einzelnen Stürmen mehr, sondern die Menschheit ist zusammengeflossen zu einem einzigen Weltmeer mit einem gemeinsamen Schicksal. Seitdem gibt es Weltkriege, Weltbanken, Weltwirtschaft, Weltwirtschaftskrise, Welthungerhilfe, Weltpolitik usw. Alles hat weltweite Dimensionen.

Es gibt auf der Welt keinen ruhigen, abgeschlossenen Dorfteich mehr, sondern nur noch ein großes Meer, auf dem wir alle fahren und dessen Wellen uns alle nacheinander überrollen. Die Sexwelle, die Pornowelle, die Drogenwelle, die Gewaltwelle – eine folgt der andern, eine zerstört die andere und zerstört dich mit. Denn die Welle, auf der du heute noch mitschwimmst, ist morgen schon verflacht. Und dann überrollt dich, bevor du zur Besinnung gekommen bist, schon wieder die nächste.

Und was früher wie Inseln im Meer war, nämlich Ordnungen, die Halt gaben, gibt es auch nicht mehr. Heute wird alles, aber auch alles, infrage gestellt, vom Lebensrecht der Ungeborenen bis zur Ehe. Selbst die nettesten Leute fragen: „Ehe – wozu? Wozu soll ich heiraten? Wozu Trauschein? Wozu kirchliche Trauung?" Na, damit du nicht untergehst im Chaos! Die Ehe ist eine Ordnung Gottes, schon deswegen ist sie was Gutes. Und Gott will dir bei der Trauung seinen Segen geben, das ist erst recht was Gutes. Wenn du auf Gottes Ordnung und Segen pfeifst, lässt du dir das wichtigste Hilfsmittel entgehen, damit deine Zweierbeziehung in dieser chaotischen Zeit nicht auseinanderdriftet.

Oder ein anderes Beispiel: die Kindererziehung. Früher war es das Vorrecht der Mütter, die Kinder zu erziehen. Heute stinkt das viele an, und sie fragen: „Wozu? Dafür gibt's die Schule, den Kindergarten. Wozu Erziehung durch die Mutter?" Na, damit deine Kinder nicht absaufen im Chaos. Die Generation der Chaoten ist das Ergebnis einer Generation von Müttern, die sich nicht genug um ihre Kinder gekümmert haben. Jetzt haben viele zu viel Wut, weil sie zu wenig Liebe hatten. Ich stimme mit den Punks in einem Punkt überein: Diese Welt ist so kaputt und erschreckend, dass einem die Haare zu Berge stehen. Die Bibel macht uns über den Zustand der Welt nichts vor. Im Gegenteil, sie sagt uns, dass es noch schlimmer wird.

Raffzahn im Affenzahn

Also weiter im Text: „Und vier große Tiere stiegen heraus aus dem Meer, ein jedes anders als das andere. Das erste war wie ein Löwe und hatte Flügel wie ein Adler. Ich sah, wie ihm die Flügel genommen wurden. Und es wurde von der Erde aufgehoben und auf zwei Füße gestellt wie ein Mensch, und es wurde ihm ein menschliches Herz gegeben" (Vers 3 und 4).

Aus dem Meer der Geschichte tauchen vier Tiere auf. Das erste ist ein Löwe mit Flügeln, das deute ich auf den aufkommenden Kapitalismus. Stark wie ein Löwe, ist der Kapitalismus zunächst beflügelt: Die Menschen fühlten sich beflügelt von der Industrialisierung, den Maschinen, den Möglichkeiten. Sie fingen im wahrsten Sinne des Wortes an zu fliegen, hatten hochfliegende Hoffnungen: Jetzt kommt die Welt in Ordnung! Jetzt wird das Glück machbar! Aber bald wurden die Flügel gestutzt. Es entstand das hungernde Proletariat. Es kamen neue Sorgen und Seuchen über die Menschen. Es kam zur Verelendung der Massen. Da versuchte der Kapitalismus, ein menschliches Herz zu zeigen. Er zeigte sich sozial, aber er blieb trotzdem das Tier, grausam zu denen, die ausgebeutet werden.

„Und siehe, ein anderes Tier, das zweite, war gleich einem Bären und war auf der einen Seite aufgerichtet und hatte in seinem Maul zwischen seinen Zähnen drei Rippen" (Vers 5). Die nächste Gestalt ist ein Bär, der russische Bär schiebt sich in den Vordergrund der Weltgeschichte. Die Oktoberrevolution bricht los, aber nur auf der einen Seite kann er sich aufrichten, der Bär. Das heißt: Auf der einen Seite bringt er eine Verbesserung für die armen Russen. Auf der anderen Seite liegt er fest, bleibt erdgebunden, gebunden an die Probleme dieser Welt, er löst sie auch nicht. Zum Beispiel die Trunksucht, die tief im russischen Volk verwurzelt ist und die schon im 19. Jahrhundert ein Mann wie Gogol gegeißelt hat. Die gleiche Trunksucht hat dann Gorbatschow – vergeblich – zu bekämpfen versucht.

„Danach sah ich ein anderes Tier, gleich einem Panther, das hatte vier Flügel wie ein Vogel auf seinem Rücken, und das Tier hatte vier Köpfe, und ihm wurde große Macht gegeben" (Vers 6). Aus dem Bär wird ein Panther mit vier Flügeln und vier Köpfen. Das deute ich auf den Weltkommunismus. Der breitet sich schnell aus. Und die vier Köpfe, ich erinnere mich noch genau, als sie überall zu sehen waren. Meine Schulzeit, meine Jugend habe ich unter diesen vier Köpfen verbracht: Marx, Engels, Lenin, Stalin. Sie hingen zu viert an jeder Wand, auf Millionen Plakaten und Plaketten. Unter diesem Zeichen kam der Kommunismus bis nach China.

Aber dieses Zeichen sieht man schon lange nicht mehr. Das Bild mit den vier Köpfen ist von der Weltbühne verschwunden, da kommt schon das vierte, das letzte Bild eines Tieres: „Danach sah ich ein viertes Tier, das war furchtbar und schrecklich und sehr stark und hatte große eiserne Zähne, fraß um sich und zermalmte, und was übrigblieb, zertrat es mit seinen Füßen. Es war auch ganz anders als die vorigen Tiere und hatte zehn Hörner" (Vers 7). Das ist das Tier der Macht und Gewalt.

In dem Musical „Hair" haben die Hippies behauptet, unsere Zeit stünde im Zeichen des Wassermanns, „und Friede herrscht auf dem Planeten", aber das Horoskop hatte gelogen. Es herrscht kein Friede, sondern es herrscht die Gewalt. Unsere Zeit steht im Zeichen des Tieres der Macht und Gewalt. Es ist bewaffnet bis an die Zähne. Es ist ausgerüstet mit zehn Hörnern – das ist mehr, als einer zur Verteidigung braucht. Das ist die Demonstration der Macht, das ist die Abschreckung in Höchstform. Daniel sieht hier das Wesen der Abschreckungspolitik, das Unwesen der Rüstungspolitik unserer Zeit.

Kein Bock auf Hornbrille

Als Daniel näher hinsieht, fällt ihm auf, dass drei Hörner ausgerissen werden. Drei werden abgerüstet, stellt euch vor, wie rührend, aber die sieben anderen bleiben, und jedes kann die Erde in den Abgrund stoßen. Das ist natürlich nett, wenn hier und da paar (technisch überholte) Raketen abgebaut werden, ich will das nicht unterschätzen. Aber wenn die Experten schätzen, dass die Erde mit den verbleibenden Raketen siebenmal in die Luft gesprengt werden kann, dann ist so ein kleiner Abrüstungsschritt noch lange kein großer Fortschritt.

Es heißt hier, dass anstelle der drei ausgerissenen Hörner ein kleines Horn erscheint, „und siehe, das Horn hatte Augen wie Menschenaugen und ein Maul, das redete große Dinge" (Vers 8). Na klar, Menschlichkeit muss sein, es muss zumindest so aussehen wie Menschlichkeit. Selbst die Androhung der totalen Vernichtung wird mit Menschlichkeit getarnt, weil ja jeder nichts weiter will, als die Menschheit verteidigen. Obwohl doch jeder weiß, dass es nach einem nächsten Weltkrieg keine Menschheit mehr geben wird.

Da muss aber der Menschheit unentwegt eingehämmert werden, dass das alles nur geschieht, um sie zu retten. Und dazu hat das Tier nicht nur so was wie Augen, sondern es hat vor allem ein Maul, das große Dinge redet. Das ist das Nebelhorn der Propaganda, die alles vernebelt. Das Nebelhorn der Weltpresse, da kriegen wir ja gewaltige Dinge zu hören und zu lesen, aber eins fällt auf: Die Weltanschauungen sind verschieden, die Systeme sind verschieden, aber wenn es um die Rüstung geht, gleichen sich die Argumente wie ein Ei dem anderen. Da haben sie alle nur das eine, gleiche Argument: „Wir rüsten, weil die andern rüsten." In diesem Punkt gleichen sie sich alle, egal, wie sie reden. Alle setzen ihre Hoffnung auf die Macht. Alle setzen ihre Macht durch mit Gewalt. Alle versetzen dadurch alle in Angst. Die Angst ist das Grundgefühl von Millionen Menschen.

So, das ist der Zustand unserer Welt, wie wir sie sehen, wie Daniel sie gesehen hat. Es ist eine Welt zum Fürchten. Es bleiben noch drei Fragen. Erstens: Warum lässt Gott uns das alles sehen? Damit wir uns keine Illusionen machen und die Welt richtig einschätzen. Die Bibel vertritt keinen naiven Fortschritts-Optimismus, sondern sieht alles erschreckend nüchtern. Zweitens: Warum lässt Gott das alles zu? Drittens: Worauf läuft das alles hinaus? Auf die zweite Frage gibt es keine Antwort. Warum die Geschichte so verläuft, warum Gott den widergöttlichen Mächten überhaupt so viel Macht einräumt, bleibt rätselhaft. Hier ist uns Gottes Willen am dunkelsten und unverständlichsten. Aber auf die dritte Frage gibt es eine Antwort. Daniel 7 wurde geschrieben, um diese Frage zu beantworten. Wohin läuft die Weltgeschichte? Die Bibel nennt uns exakt den Punkt, auf den alles hinsteuert – das ist das Reich Gottes.

Der letzte Ton kommt von Gottes Thron

„Ich sah, wie Throne aufgestellt wurden, und einer, der uralt war, setzte sich" (Vers 9). Freunde, der alte, ewige Gott, der vor Urzeiten die Welt geschaffen hat, sitzt noch im Regiment. Als kleiner Junge saß ich mal bei uns im Garten auf der Schaukel und sang laut eine Gesangbuchstrophe, die ich vermutlich im Kindergottesdienst aufgeschnappt hatte:

Bist du doch nicht Regente,
der alles führen soll.
Gott sitzt im Regimente
und führet alles wohl.

Wie von der Tarantel gestochen kam meine Mutter zu mir in den Garten gesaust, fuchtelte Zeichen, ich sollte ruhig sein, und verbot mir, das Lied so laut zu brüllen. Sie hatte Angst, dass das Nachbarn hören könnten, die Parteimitglieder waren, und die könnten das als Misstrauen gegenüber dem „Führer“ werten. Das Absingen einer uralten Gesangbuchstrophe durch einen fünfjährigen Hosenmatz konnte in einer Diktatur schon staatsgefährdende Züge annehmen. Ich habe jedenfalls schon als kleines Kind gelernt: Gott sitzt im Regiment, auf dem Thron.

So habe ich Hitler, Stalin, Ulbricht und Honecker überlebt, weil ich mit Gott lebe, dem ewigen. Als ich in den 80er-Jahren in der DDR über Daniel 7 gepredigt habe, haben die Staatsspitzel alles mitgeschnitten und gehört. Ich weiß nicht, ob die damals bloß gefeixt haben über das, was sie da aus der Bibel von der Zukunft hörten. Das Lachen ist denen inzwischen jedenfalls vergangen. Die sind überhaupt gegangen.

Aber eines Tages müssen sie alle noch mal kommen aus ihren Verstecken und ihren Gräbern, und das ist der Tag, von dem Daniel hier redet. Denn nicht nur, dass der „alte, ewige Gott“ jetzt im Regiment sitzt – am Ende der Welt wird er zu Gericht sitzen. „Tausend mal Tausende dienten ihm und zehntausend mal Zehntausende standen vor ihm“ (Vers 10). Millionen und Milliarden Menschen sind die, die

die Tiere nicht angebetet haben, sondern die Gott angebetet haben. Deshalb sind sie dann bei Gott, versammelt um seinen Thron. Und die Frage, um die sich für dich jetzt alles dreht, ist: Wirst du auch dort sein? Wirst du dabei sein?

Ich jedenfalls, ich will. Wenn sie um den Thron Gottes stehen, dann will ich dabei sein. Dort werde ich meine Eltern wiedersehen. Meine Frau. Das ist der Treffpunkt. Wenn die Millionen Gott zujubeln und in sein Reich einziehen, wo es keinen Tod, kein Leid, keine Tränen, keinen Schmerz, keine Rätsel, keinen Krieg und keine Angst mehr gibt, da will ich dabei sein! Das ist das Ziel meines Lebens. Und die Aufgabe meines Lebens ist, dich dorthin einzuladen. Willst du dabei sein? Dann komm! Dann bekehre dich! Dann stell dich heute auf Gottes Seite! Denn ob du einmal vor dem Thron Gottes stehen darfst, hängt davon ab, wo du heute stehst, wie du in diesem Leben zu Gott stehst.

Besser ganz dabei als ganz vorbei

Jeder Mensch hat die Chance, zum Thron Gottes zu kommen. Du auch. Nämlich, wenn du dich bekehrst, dir deine Sünden von Jesus vergeben lässt. Dann kommst du auch in den Himmel. Der Himmel ist der vorbereitete Platz für vorbereitete Leute. Und ich will von dir nur wissen: Bist du vorbereitet, deinen Platz in Gottes Reich einzunehmen? Bist du bereit, vor Gottes Thron zu treten? Willst du? Wenn du diesen Zielpunkt verfehlst, verfehlst du dein ganzes Leben. Oder willst du in die Hölle wie die anderen? Die anderen, die Gott als altmodisch abgeschafft haben und den jeweils wechselnden Modegöttern gefolgt sind, sind nicht mit bei Gott. Sie werden gerichtet. „Das Gericht wurde gehalten, und die Bücher wurden geöffnet. Ich merkte auf um der großen Rede willen, die das Horn redete, und ich sah, wie das Tier getötet wurde und sein Leib umkam und ins Feuer geworfen wurde. Und mit der Macht der anderen Tiere war es auch aus. Denn es war ihnen Zeit und Stunde bestimmt, wie lange ein jedes leben sollte“ (Vers 10-12).

Das ist die Hauptbotschaft des Danielbuches: die Aufhebung der Weltreiche durch Gott. Gott bestimmt, wie lange jedes Reich und jeder Staat leben darf. Jeder muss verschwinden, wenn seine Zeit nach Gottes Uhr abgelaufen ist. Und am Schluss gibt es nur ein Reich, das Reich von Jesus, den Daniel hier kommen sieht und ankündigt: „Siehe, es kam einer mit den Wolken des Himmels wie eines Menschen Sohn, und gelangte zu dem, der uralt war, und wurde vor ihn gebracht. Der gab ihm Macht, Ehre und Reich, dass ihm alle Völker und Leute aus so vielen verschiedenen Sprachen dienen sollten. Seine Macht ist ewig und vergeht nicht, und sein Reich hat kein Ende“ (Vers 13 und 14).

Eins steht also fest: der Thron Gottes. Und die Throne derjenigen, die das große Maul haben und einen Zorn auf Gott haben, die wackeln. Freunde, wir wollen uns auf die Seite von dem stellen, dessen Thron unumstößlich und dessen Reich unvergänglich ist: auf die Seite von Jesus, des Menschensohns, des Sohnes Gottes und des Sohnes der Maria.

Als er als Mensch auf die Erde kam, wurde er verachtet. Auch nachdem er von den Toten auferstanden ist, wird er von den meisten nicht beachtet. Aber er wird wiederkommen, sichtbar für alle. Und alle, die ihn geachtet und ihm die Treue gehalten haben, dürfen in sein Reich. Am Schluss der Weltgeschichte gibt es nur ein Reich, das Reich von Jesus. Am Schluss deiner Lebensgeschichte gibt es nur eine Frage: Gehörst du dazu? Es lohnt sich, für Gottes Reich zu leben.

Buchtipp:

Ralf Kaemper (Hg.)
Mauer.Frei
30 Jahre danach
Tb., 96 S., 11 x 18 cm
Best.-Nr. 271 646
ISBN 978-3-86353-646-6

Am 9. November vor 30 Jahren fiel die Berliner Mauer. Zeitzeugen berichten, wie sie diesen Moment erlebt haben. Und was das Ganze mit Gott zu tun hat.